CongLing KaiShi DuDong
TongJiXue

案例丰富实用，配套精选习题
大数据时代必读书

从零开始读懂
统计学

|李慧泉◎著|

图书在版编目（CIP）数据

从零开始读懂统计学/李慧泉著.——上海：立信会计出版社，2016.6
（去梯言）
ISBN 978-7-5429-4988-2
Ⅰ.①从… Ⅱ.①李… Ⅲ.①统计学 Ⅳ.①C8

中国版本图书馆CIP数据核字(2016)第091208号

责任编辑　蔡伟莉
封面设计　久品轩

从零开始读懂统计学

出版发行	立信会计出版社
地　　址	上海市中山西路2230号　邮政编码　200235
电　　话	（021）64411389　传　真　（021）64411325
网　　址	www.lixinaph.com　电子邮箱　lxaph@sh163.net
网上书店	www.shlx.net　电　话　（021）64411071
经　　销	各地新华书店
印　　刷	固安县保利达印务有限公司
开　　本	720毫米×1000毫米　1/16
印　　张	12.5　插　页　1
字　　数	178千字
版　　次	2016年6月第1版
印　　次	2019年11月第4次
书　　号	ISBN 978-7-5429-4988-2/C
定　　价	36.00元

如有印订差错，请与本社联系调换

前言

大数据时代要懂点统计学

在终极的分析中,一切知识都是历史;在理性的基础上,所有的判断都是统计。

当我们提到统计学时,大多数人只会想到繁复到让人头痛的数字和图表,并且将自己归类为数据盲,很少有人会意识到,统计学其实是一种简明的生活工具,你只需要一点数学基础知识就可以入门,它可以跟数学、计量经济学有机结合,甚至可以用于分析当下的经济动态。

当然,统计学有时候还会让我们发现一些有趣的现象:孟加拉国黄油产量和标普500相关性高达0.75、全球变暖与海盗数量减少存在相关性,3月和4月出生的孩子更容易成为优秀棒球运动员……

统计学的源头其实有两个：一个是概率论，另外一个是国情学。概率论最早出现在16世纪，它的起源是一种掷骰子的赌博活动。当时欧洲流行一种掷骰子比点数的赌博，根据点数大小定输赢，这引起了一批学者的关注。学者们试图研究各种点数出现的概率，并且因此出现了一些相关的著作，其中比较有名的有卡丹诺的《机遇博弈》、尼尔·伯努利的《猜度数》等。

而到了17世纪，统计学更多地是以国情学的姿态出现的。人们应用统计学做人口统计，比如生男生女的比例问题。说到这里，我们就不得不提到约翰·格朗特，英国一个杂货店员出身的经济学家。他注意到在非瘟疫时期，一个大城市每年死亡数有统计规律，而且出生儿的性别比为1.08，即每生13个女孩就有14个男孩。他还用数据进一步说明，男性更容易在战争、公海和处以死刑中丧命，所以成年男女的数量基本相等；格朗特初步推算了不同年龄段儿童和成人的死亡比率：儿童死亡发生在4、5岁以下的比例约为1/3，发生在6岁以下的比例约为1/2，仅有7%的死亡属于自然死亡，格朗特在此基础上提出了人类的第一个生命表，并估计出伦敦16～56岁的成年男性约占总人口的34%，有7万人左右可作为战争士兵。从此，概率论和国情学逐渐融合，在这一时期，一些重要的理论被发现，二项分布和大数定律。根据二项分布建立了统计推断的最早的模型，对此分布中未知概率的研究也成为贝叶斯学派的思想起源。

在现代，统计学的发展成为各个知识点的交融，我们可以说统计可以运用于各个领域：经济中计量经济学、医学统计、数据挖掘、生物统计、农业统计、公共卫生、零售等。一句话，只要出现数据的行业，都需要统计学，而随着大数据时代的到来、随着各行各业的发展，越来越多的行业都将开始需要数据分析这一个职业。

大数据时代已经来了，不管我们是否从事统计、数据分析，都应该了解一些基本的统计学知识，这样才不会在纷乱的数据中迷失自我判断！

导读

为了高效地、一步步理解"统计学"

❶本书为什么由两部分构成

这是一本统计学的入门书。可以大胆地说，这是一本"内容再削减就不能称为统计学"，最浅显易懂的"超级入门书"。

本书由两部分构成。第1部分从最基础的知识开始，力求在最短的时间达到理解"检验"和"区间估计"等统计学最重要的目标。

阅读第1部分，可以让我们在短时间内对"学习统计学要达到的目的以及如何实现"有整体上的了解。

那些正在为无论到哪学习统计学都"无法理解"而抱头苦恼的人，或是无论阅读多少入门书却总是遇到相同难题的人，可以试着浏览本书的第1部分。这里一定有你想要理解却总是理解不了的内容。平日忙碌的读者，当你读到书中的某处时，你一定会感叹"原来统计学是这样的啊"，并认为本书物有所值。

第2部分是对第1部分内容的深化，解说关于母群体的推论统计方法。第2部分的目标是最高效地达到使用 t 分布进行小样本检验、区间估计的程度。尽管只要理解这些，就能掌握统计学的要点，但很多学习者在此之前就已经备受挫折。

导致此情况最常见的原因就在于数据处理和概率这两部分。这两者几乎以同样的计算来定义，但原理该如何区分却极其难以理解——学习者大概就是因为这一点而陷入迷茫。

本书的第2部分，将包括数据处理与概率之间区别在内的，易使初学者陷入混乱的概念和枝节剪掉（在保证学术正确性的基础上），而选择统计的估计的本质结构，使读者能够直接地理解。也就是说，第2部分在某种意义上是对达到统计学重要目标的全力冲刺。

❷什么是统计学——描述统计和推论统计

大体而言，统计学由描述统计和推论统计两部分构成。

所谓描述统计，概括地说就是从取得的数据中抽取其特征的技术，起源可以说相当古老。比如，将人口调查作为一种数据来看的话，诞生了"摩西十诫"的摩西时代和罗马帝国时代就已经有了统计。汉朝时代的中国和大化革新时代的日本也有为了征税进行的人口调查和土地调查。

而描述统计学的确切起源在17世纪。

德国学者海尔曼·康令的《国势论》、英国军人约翰·格兰特的《关于死亡表的自然与政治的观察》以及威廉·配第的《政治算术》、爱德蒙·哈雷的《死亡率推算》等就是描述统计的先驱之作。在这些著作中，我们可以看出作者们从有关出生率和死亡率的数据中明确地抽取出了特征，这正是站在描述统计学的立场上使用的研究方法。

此后，作为清晰抽取数据特征的工具，人们又开发出了频数分布表、直方图等图表方法，还有（各种）平均值、标准差等统计量方法。而现代人正在利用这些方法，对社会和经济状况进行把握，对气象和海洋等环境加以调查。

与此相对的推论统计，将统计学手法与概率理论相融合，对"无法整体把握的大的对象"或"还未发生而未来会发生的事情"进行推测。这是20世纪确立的方法论，从"部分推测整体"的意义上来说，即使称其为前所未有的全新科学也不为过。

就从我们身边来讲，选举速报可以算作是典型的推论统计的成果。在开票率仍在百分数阶段就可以进行"确定当选"的报道，这就是推论统计的功劳。此外，在全球变暖、股票、金融商品和保险商品的定价等问题的预测上，推论统计也是一种不可或缺的工具。

❸ 本书最重视标准差（S.D.）

本书第1部分的前半部分在解说描述统计时，选取了"标准差"为要点说明其意义。所谓标准差，是表示"数据在平均值周边分散程度"的统计量。笔者认为"标准差是统计学最重要的工具"，但很多统计学教科书只笼统地说明了其定义和计算方法。这使得学习者无法切身体会究竟"什么是标准差"。

而如果不能充分领悟标准差，在之后利用正态分布、卡方分布和 t 分布等展开推论统计时，就不能顺利地理解这些究竟是在做什么。这就是很多人学习统计学受挫的原因。

因此，本书从简单内容入手，从各个角度对标准差进行了解说，并引以自信地讲，这种解说在书中所占篇幅之大是其他教科书所无法企及的。说得具体一些，本书不只是在单纯地提示定义，而是利用杂乱的公交车时刻表和冲浪者等比喻，还有股票指标等指数来使读者形象地理解其意义。而作为附加效果，读者还能理解在判断金融商品优良性上有重要作用的波动率和夏普比率。在21世纪高度发展的金融社会中，这些知识是非常有用的。

❹ 本书几乎不用"概率"

像前言中描述过的，为了将统计学应用于预测，必须在描述统计的方法上加上概率理论。描述统计学中学习过的平均值，在这里以随机变量中期望值的名称再次登场，而数据的标准差在随机变量中也以相同的标准差再次出现。虽然计算方法相同，但被当作不同的概念对待，就很容易使学习者产生混乱（实际上笔者在最初学习的时候也遇到过此问题）。

这种混乱在学习推论统计的进程中会变成大问题，最终导致学习者完全搞不清自己的学习内容是什么。

而之所以会出现这种混乱，原因在于统计和概率之间的微妙差异。统计是观测所得数据的集合，是"对于过去发生的事情的描述"。而概率，是"对于未来将发生的事情的描述"。所以，以"现在"为基准来看，两者意义完全不同。而若是从时间轴的往复来看，则可消除这种差异。

之所以这样说，是因为"未来发生的事情"在经过那一时点后，就变成"已经发生的数据"，而"过去发生的事情"追溯到那一时点之前，就成为"未来发生的事情"。对于这种微妙的既相同又有差异的统计和概率，使用平均值和标准差等相同的计算时，产生混乱也是在所难免的。而且，在推论统计的方法（本书第9章）中，"作为已经过去的事情而取得的数据恰巧在未来出现"，这看上去像是进行了预测。因此，越是喜欢深思熟虑的人，越会产生"完全不明白到底是在做什么"的迷茫心境。

所以，为了避免这种混乱，本书大胆尝试了"尽量不使用概率"的解释方法。

实际上，即使你只是随意浏览本书也能马上理解其内容，而像其他统计学书籍中必然会出现的组合公式 nCk 或 $P(X=x)$ 等随机变量的符号，在这里全都不会出现。本书将"数据组中的数据 x 占全部数据的 $p\%$"和"观测数据组中的1个数据时，其为 x 的概率是 $p\%$"两者同一视之。虽然这种做法无视了推论统计学者辛勤建构的理论框架，有些令人心痛，但却是可以避免很多初学者产生混乱的不可或缺的捷径，一般读者应该也不会感到难以接受。

❺ 以"95%预测命中区间"来说明

但是，只有一处是必须拘泥于"过去和未来的区别"的，这就是作为检验、区间估计的基础思维方式的部分。

笔者在这里展现了其他书中完全没有提到的，自己独有的思维方法，并创造出了"95%预测命中区间"这一词语来表现它。这是笔者关于推论统计学的独家解释，而笔者也可能会因此成为统计学专家批评的对象。但作为使用概率论进行理论决策的专家，笔者愿意在此将错就错（哲学的意义上），并坚持正是这种解释才可以向众多初学者传达推论统计思路精髓的信念。从这个意义上说，这种解说是会给本书带来最大争议的同时，也是本书最大卖点。

❻ 几乎不用数学符号和数学公式

本书大胆地削减了概率部分，所以没有使用高中以上的数学知识的必要。其他的统计学教科书，无论如何强调"入门级"，如何强调"简单"，只要触及概率，就无法排除高中以上的数学知识。组合符号、求和符号和随机变量的期望值自不必说，而更难的微积分符号和计算也必然都会出现。

而本书不仅不使用组合符号、求和符号和随机变量的期望值，还完全排除了微积分。这里只会用到初中数学的知识，大概就只涉及一元一次不等式和开方计算。

当然，这样的简化会对全面理解统计学造成障碍。但尽管如此，笔者还是选择了这种方法，这样做既是出于"即使没有数学符号和数学公式，也能传达统计学思维方式的本质部分"这一考虑；更是出于对有"数学过敏症"而无法理解统计学的初学者来说，如果能够理解统计学"不含混合物的本质"，那么也就能理解其他书籍中包括数学在内的统计学全部内容这一意图。

而且，本书尽量使用语言来描述统计学公式。因为不擅长数学符号而回避数理统计学内容，就像因为不懂音符就不听音乐一样，实在是太可惜了。大家应该都赞成"音乐的本质和音符是两回事"这一观点吧。同样，笔者也想呼吁大家接受"统计学的本质和数学符号是两回事"这一观点。

❼ 填空式的简单练习题便于自学

想要熟练掌握统计学，必须亲自去做练习题，所以本书每章后均设有练习题。这些练习题是对这一章内容的简单复习，而且格式也都经过精心设计，只要按照顺序填空，自然就能解答出来，所以请把它们全都做完。

希望所有拿到这本书的读者都能读完它，可以进入统计学的大门。那么，现在就让我们开始吧！

目 录

第1部分 从标准差到检验、区间估计，一学就会

第1章 用频数分布表和直方图刻画数据的特征

1.1 为什么使用统计 / 3
1.2 做直方图 / 4
练习题 / 9

第2章 平均值的定义、作用与计算

2.1 统计量与数据特征概括 / 11
2.2 平均值的计算 / 12
2.3 频数分布表上的平均值 / 12

2.4 平均值在直方图中的作用 / 14

2.5 该怎样捕捉平均值 / 15

练习题 / 16

第3章 由数据分散程度估计统计量
——方差和标准差

3.1 数据的分散和波动 / 21

3.2 方差的实例解读 / 22

3.3 标准差的意义 / 24

3.4 从频数分布表求标准差 / 26

练习题 / 28

第4章 标准差（$S.D.$）与数据评判

4.1 标准差与"波浪运动" / 31

4.2 $S.D.$评价数据的"特殊性" / 32

4.3 复数的数据组的比较 / 34

4.4 加工后的数据的平均值和标准差 / 35

练习题 / 38

第5章　标准差（S.D.）在股票风险指标（波动率）中的应用

5.1 股票的平均收益率是什么 / 41

5.2 利用平均收益率判断个人投资 / 42

5.3 波动率的意义 / 44

练习题 / 46

第6章　标准差（S.D.）与投资风险评测

6.1 高风险、高回报和低风险、低回报 / 47

6.2 金融商品优劣的衡量方法 / 48

6.3 衡量金融商品优劣的数值：夏普比率 / 49

练习题 / 52

第7章　生活中最常见的分布、正态分布

7.1 标准正态分布 / 53

7.2 一般正态分布的观察方法 / 56

7.3 身高数据是正态分布的 / 58

练习题 / 61

第8章　推论统计的出发点，使用正态分布进行"预测"

8.1 使用正态分布的知识，可以进行"预测"　/　63

8.2 标准正态分布的95%预测命中区间　/　64

8.3 一般正态分布的95%预测命中区间　/　66

练习题　/　69

第9章　从一个数据推出母群体
　　　　——假设检验的思维方法

9.1 所谓推论统计即从部分推出整体　/　71

9.2 推测差不多可行的母群体　/　72

9.3 判断95%预测命中区间是否妥当　/　74

练习题　/　77

第10章　以测定温度为例，探寻95%置信区间
　　　　　——区间估计

10.1 反过来利用预测命中区间的估计　/　81

10.2 置信区间的"95%"的意义 / 83

10.3 对标准差的已知正态母群体的平均值的区间估计 / 85

练习题 / 87

第2部分 观测数据分析预测

第11章 根据"部分"推论"总体"
——母群体和统计的估计

11.1 母群体 / 91

11.2 随机抽样法和总体均值 / 93

练习题 / 97

第12章 表示母群体数据分散程度的统计量
——总体方差和总体标准差

12.1 搞清数据的分散程度 / 99

12.2 总体方差和总体标准差的计算 / 100

练习题 / 102

第13章 复数数据的平均值比1个数据接近总体均值
——样本均值的思维方法

13.1 从观测到的1个数据可以推测出什么 / 105

13.2 为什么要做样本均值 / 106

练习题 / 111

第14章 随着观测数据增加，预测区间变窄
——正态母群体的便利商品、样本均值

14.1 正态分布样本均值的性质 / 113

14.2 关于正态母群体样本均值的95%预测命中区间 / 115

练习题 / 118

第15章 已知总体方差，求正态母群体的总体均值
——使用样本均值进行总体均值的区间估计

15.1 推测总体均值和总体方差 / 119

15.2 使用样本均值进行总体均值的区间估计 / 121

练习题 / 125

第16章 卡方分布登场
——样本方差的求法和卡方分布

16.1 样本方差的求法 / 127

16.2 卡方分布是什么 / 129

练习题 / 133

第17章 用卡方分布推算总体方差
——推算正态母群体的总体方差

17.1 卡方分布的95%预测命中区间 / 135

17.2 终于开始正态母群体总体方差的估计了 / 136

练习题 / 139

第18章 样本方差呈卡方分布
——与样本方差成正比的统计量W的做法

18.1 与样本方差成正比的统计量W的做法 / 141

18.2 样本方差的卡方分布自由度下降1 / 142

练习题 / 145

第19章 即使未知总体均值仍能推算总体方差
——总体均值未知时对正态母群体进行区间估计

19.1 未知总体均值推算总体方差 / 149

19.2 估计总体方差的具体例子 / 151

练习题 / 153

第20章 t分布登场
——总体均值以外的以"实际观测样本"可计算的统计量

20.1 终于登场的t分布 / 155

20.2 t分布的直方图 / 157

20.3 统计量T的计算 / 158

20.4 关于t分布的正式定义 / 159

练习题 / 161

第21章　根据t分布进行区间估计
　　　——未知总体方差时以正态母群体推算总体均值

21.1 最自然的区间估计——t分布　/　163

21.2 根据t分布的区间估计方法　/　165

练习题　/　167

练习题答案　/　169

第1部分　从标准差到检验、区间估计，一学就会

　　本书的第1部分以短时间内全览"统计学的目的以及如何实现"为目标。前半部分描述统计，也就是作为从数据中抽取其固有特性的方法论，对频数分布表、直方图等图表的做法，平均值、标准差等统计量的计算方法进行说明。这里还特别注重运用各种方法彻底解说"标准差是什么"，以使读者能够切身体会标准差的概念，并在此基础上，理解标准差是衡量金融商品风险的重要指标这一内容。后半部分是关于推论统计的突入式解说。力求从正态分布开始，在最短的时间内用最少的工具让读者达到理解统计学主角——检验、区间估计的程度。

　　读完这些，统计学的内涵就会自然而然进入读者的头脑中了。

第1章 用频数分布表和直方图刻画数据的特征

1.1 为什么使用统计

我们在日常生活中多多少少都会使用数据：对生意人来说，每天的客户数量和销售额是最重要的数据；对学生来说，考试成绩的数据在升学问题上发挥着重要作用；对成年人来说，每年的定期健康检查中血压和血液成分的数据是他们很关心的，生活中与数据没有关系的人是不存在的。

但是，光是浏览原始数据（即单纯列举的数字）恐怕什么也弄不明白。确实，数据在一定意义上是体现"现实本身"的。但是，在"打眼一瞧什么也不明白"这一点上，"数据"也好，"现实"也罢，都有相同之处。

比如，图1-1。

这是80位女大学生的身高数据（从哈佛大学校内刊登的200个数据中抽取的最初的80个）。

151	154	158	162
154	152	151	167
160	161	155	159
160	160	155	153
163	160	165	146
156	153	165	156
158	155	154	160
156	163	148	151
154	160	169	151
160	159	158	157
154	164	146	151
162	158	166	166
156	150	161	166
162	155	143	159
157	157	156	157
162	161	156	156
162	168	149	159
169	162	162	156
150	153	159	156
162	154	164	161

图1-1　80位女大学生身高（cm）数据

从这80个数字中能得到什么呢？

首先能确认"女大学生的身高各不相同，数据参差不齐"。

作为"成年女性"的一部分，这些女大学生的身高数值是多种多样的。这"多种多样的数值"，用术语讲叫作"分布"。分布的产生，是决定数值背后的某种"不确定性"作用的结果，除此别无其他。不确定性的结构会产生参差不齐的身高数值。但是即使概括地说这些数据是"不确定的"，它们也有自己固有的"特征"和"特点"。这种固有的特征和特点叫作"分布的特性"。

那么，这些身高数据固有的特征和特点是什么呢？对于熟悉数据解析的人来说，即使是从列举的数值中也能抽取出很多的特征和特点。而普通人就只能看到简单的数字罗列。

所以，从这些原始数据，也就是"原始的现实"中，抽取出分布的特征和特点的手法就很有必要。这就是"统计"的手法。

统计学使用的方法叫作"压缩"。所谓压缩，是指"将作为数据列举的大量数字，以一定的基准进行整理，只抽取有意义的信息"。大致来说有如下两种手法：

①以图化捕捉其特征；
②以一个数字来代表特征。其代表数字叫作"统计量"。

1.2 做直方图

现在，首先从手法①的图化开始解说压缩的方法。以原始数据作图，最流行的图就是"直方图"。简单来说就是"柱状图"。为此，首先需要做频数分布表。做法如下所述。

步骤①

找到数据中数值最大的（最大值）和最小的（最小值）。

步骤②

按最大值到最小值大致划分范围，将这个范围分成5~8个小范围（小区间)→这叫作"分组"。

步骤③

决定各组的代表数值。基本上选什么作为代表数值都可以,而一般选择中间的数值的比较多→这叫作"组值"。

步骤④

数出各组中的数据数→这叫作"频数"。

步骤⑤

计算各组的频数占全体的比例→这叫作"相对频数"。相对频数相加等于1。

步骤⑥

计算这组的频数合计→这叫作"累计频数"。累计频数最终与全部数据数一致。

让我们针对刚才的图1-1的数据,来按以上步骤操作吧(参照表1-1)。

表1-1　80位女大学生身高的"频数分布表"

分组	组值	频数	相对频数	累计频数
141~145	143	1	0.0125	1
146~150	148	6	0.075	7
151~155	153	19	0.2375	26
156~160	158	30	0.375	56
161~165	163	18	0.225	74
166~170	168	6	0.075	80

步骤①

最大值是169,最小值是143。

步骤②

在接近143的数字中选择140,接近169的数字中选择170,以140~170为大致范围,然后将这之间的数据进行分组。按照每5个数据(5cm刻度)正好可以划分为6个分组(参照表1-1的第1列)。

步骤③

选择中间的数值作为组值。例如，第一组的5个数据141、142、143、144、145中，选择中间的143。以同样方法从全部分组中选择出的代表值就是图1-2的第2列。

步骤④

数出各组中数据的总数（频数）（高效的做法是，逐一查找图1-1，在图1-2左外侧画"正"字）。各频数见图1-2的第3列。

步骤⑤

各频数除以全部数据数80，得出相对频数。参照图1-2的第4列（确认一下相加和是否为1）。

步骤⑥

将频数从上至下顺次合计，得出累计频数。参照图1-2的第5列（确认最后一行与全部数据数80是否相一致）。

这样，上述的频数分布表就做好了。然后，我们再来看一下这几个问题。

首先，重要的一点是，制作这个频数分布表会使信息丢失。丢失的是什么呢？不用说，就是"原始数据的数值本身"了。

比如，请看表1-1中第4组的156~160一栏。从频数上可以看出这里有30个数据，但这30个数据分别是什么数值，这个细节却丢失了。

但是，我们付出这个代价的同时，也得到了珍贵的信息。请看一下频数。从身高低的分组按照顺序往下看，频数分别是1、6、19、30、18、6。从中可得出如下的数据特征。

特征①

身高不是平坦而均等（一样）地分布，在一个区域（具体来说是156~160的分组）中数据是集中的。

特征②

以集中的区域为基点，无论向低还是向高，都有同样的推移。也就是说，数据的分布以某处为轴左右对称。

这就是说，虽然成年女性的身高结构是由某种"不确定性"决定的，但它仍有自己的固有特征。如果列举的话会得出以下几点：

①不是什么数值都有可能；

②在某个身高（如158cm）周围集中；

③以此（如158cm）为基点，无论数值增大还是缩小，"数值的集中度减小这一点是相同的"。

这样的信息，仅靠观察原始数据无疑是不能发现的。也就是说，所谓压缩，虽然牺牲了数据的细节，但这种牺牲反而刻画出了数据分布和其背后的特征。

可以将这比作"说话的要点"。听一段完整的话，可能会不明确什么是重要的，于是要将话语细节中不是很重要的内容剪掉。这样，"要点"就会浮现出来。大多数时候，我们想要知道的内容都不是"话语的全部"，而是"要点"。所谓压缩，可以理解为总结数据要点的操作。

那么，频数分布表做好后，我们接下来再将它做成柱状图吧。顺序如下所述。

步骤①

在横轴上以等间距放置组值（频数分布表第2列的数）。

步骤②

在各组值上做柱形，柱的高度参照其组值所属分组的频数（频数分布表第3列）（有时也参照相对频数）。

这样做成的柱状图叫作直方图。如图1-2就是根据表1-1的频数分布表做成的直方图。

观察此直方图，可以看出刚才通过频数分布表明确的内容，也就是特征1和特征2变得更明显了——图1-2中中间的三根柱高，两侧低。

也就是说，可以看出数据在158cm周围集中。另外也可看出数据呈近似左右对称性分布的特性。

这里让我们明确一下此直方图的"解读法"。

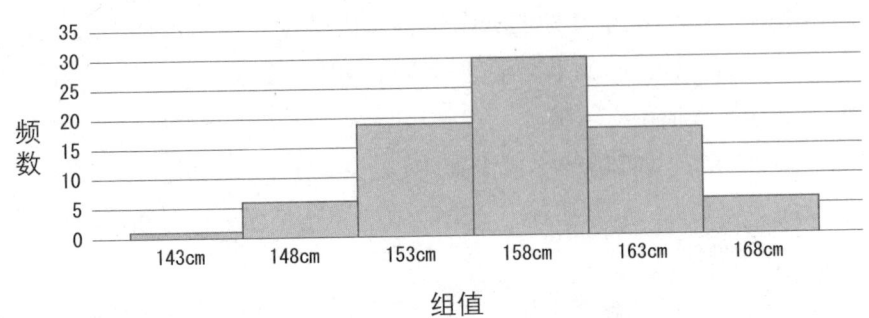

图1-2 女大学生身高的"直方图"

比如,左数第4根柱在158上有频数30的高度。这表示156~160cm的女大学生有30人。但是,考虑到今后的数据处理,希望大家也能先了解一下下面的解释。

"身高正好158cm的女大学生有30人"。这样的解释没有正确地反映现实,但请记住,我们想知道的不是"数据的整体"而是"数据的潜在特征"。所谓"特征",是大致的东西,虽然上述说法多少有些杂乱,但无损我们的目的,以这样的思路来思考就可以了。

直方图在今后本书对统计学的解说中常常扮演重要角色,请好好理解。

总结

①原始数据虽然是现实本身,但只观察它的话什么也不明白。

②数据压缩的方法,有制作"图"和求"统计量"两种。

③频数分布表将数据分为5~8组。根据频数分布表可以认清(数据集中的地方和对称性等)数据特性。

④由频数分布表制成的柱状图是直方图。可以更直观地捕捉数据的特征。

- • **练习题** • -

图1-3是女大学生的体重数据。请根据图1-4做频数分布表和直方图。

48	54	47	50	53	43	45	43
44	47	58	46	46	63	49	50
48	43	46	45	50	53	51	58
52	53	47	49	45	42	51	49
58	54	45	53	50	69	44	50
58	64	40	57	51	69	58	47
62	47	40	60	48	47	53	47
52	61	55	55	48	48	46	52
45	38	62	47	55	50	46	47
55	48	50	50	54	55	48	50

图1-3　女大学生的体重

①请做出频数分布表（相对频数取小数点后4位数）。

分组	组值	频数	相对频数	累计频数
36～40				
41～45				
46～50				
51～55				
56～60				
61～65				
66～70				

②请画出直方图。

第2章 平均值的定义、作用与计算

2.1 统计量与数据特征概括

第1章中，介绍了频数分布表和直方图。这是认清数据特征的"压缩"方法。

频数分布表和直方图在社会上被非常频繁地使用。只要浏览报纸杂志，一定能发现刊登着它们的地方。它们能抽取数据的特征，使理解变得一目了然，可以说是非常漂亮的统计方法。但不得不说它们还有几个难点。

第一个难点，看着这些图思考数据特征时，得到的印象因人而异。这样的话，即使根据得到的印象而交换意见，也不一定能够顺利地进行沟通。

比如，直方图描述的"形状"，其抽象程度无法用语言顺利表达。因此，如果想要从抽取的数据性质中得到什么科学结论或商业战略上的统一意见，可以说相当不适合。

第二个难点，无论是频数分布表还是直方图，都需要很大的空间（重看一下上一章就会一目了然）。这一性质在报纸杂志等需要趣味性的读物中不是什么问题，但在学术论文和调查报告等文章中，无意义地浪费空间是不能令人满意的。

于是，为了跨越表格和图的这两个难点，发明了另一种"压缩"的方法。这就是"统计量"。

所谓统计量,是"用一个数字来概括数据的特征"。因此,根据"要概括数据的哪种特征"而开发了各种各样的统计量。本书只介绍其中最具代表性的内容。

具体地说就是"平均值""方差"和"标准差"(更详细地说,是样本均值、样本方差、样本标准差、总体均值、总体方差和总体标准差)。作为开端,第2章让我们先从"平均值"开始介绍。

2.2 平均值的计算

平均值是大家一直以来所熟悉的统计量,所以用不着详细说明。总之,就是"用数据的合计除以数据数"得到的东西。

比如,图1-1中80位女大学生的身高数据的平均值:

(151+154+…+156+161)÷80=157.575

2.3 频数分布表上的平均值

下面解说频数分布表上的平均值计算(见表2-1)。

表2-1 组值×相对频数的合计=平均值

A组值	B相对频数	A×B
143	0.0125	1.7875
148	0.075	11.1
153	0.2375	36.3375
158	0.375	59.25
163	0.225	36.675
168	0.075	12.6

A×B的合计=(平均值)157.75

这里也使用第1章中表1-1女大学生身高的数据。因为只需要组值(代表分组的数值)和相对频数,所以从表1-1中只抽取这一部分。

首先，从结论来讲，对（组值）×（相对频数）的合计进行计算，得到平均值。

具体计算步骤如表2-1所示。

频数分布表如上一章所述，舍掉了原始数据中的一部分信息。因此，用这个方法计算的平均值，与从原始数据取得的平均值稍有差别。

虽说有差别，但能明确的是"差别"并不是很大。

实际上，由原始数据得到的平均值如前所述为157.575cm，由频数分布表得到的是157.75cm。这可以说是在实际运用中可以接受的范围内的差别。这意味着制作频数分布表对平均值这个统计量没有太大影响。

这个计算（组值×相对频数的合计）在整个统计学中都能用到，所以请好好记住。如果可以的话，最好是能深深印在脑海中，达到自然想起的程度。

那么，为什么要用这个计算来求平均值，到底是在做什么呢？

前面已经说明过，频数分布表将数据整体划分为几个组（这里叫作分组），可以将"各组的全部数据与代表的值（叫作组值）做同等"看待。

比如，第2组从146cm至150cm有6个数据，但在频数分布表中看不出这6个数据具体是什么。于是，就看成这一组"组值148的数据有6个"。

这样一来，第2组的数据合计以（组值）×（频数）=148×6来计算。将全部分组都作这个乘法并进行合计，得到全部数据的（假想的）合计，再除以数据总数，得到（假想的）平均值。

那么，将刚才第2组的（组值）×（频数）=148×6除以数据总数80，我们注意到得出：

148×6÷80=148×（6÷80）=（组值）×（相对频数）

将这个进行所有分组和的计算，得到：

平均值=［（组值）×（频数）的和］÷（数据总数）

=（组值）×［（频数）÷（数据总数）］的和

这里，（频数）÷（数据总数）是相对频数，所以就可以理解为

=（组值）×（相对频数）

这样就可以明白计算的意义了。

理解了这个计算的意义，就能进一步弄清"为什么图2-1中的平均值与原始数据的平均值没有很大差别"了。

比如，第2组中，6个数据全都被看作是148，但其实6个数据与其相比有大有小。实际上，图1-1第2组中的数据为146、146、148、149、150、150。因为全部看作了148，误差为-2、-2、+1、+2、+2。但是，将这6个数字进行合计时，正数与负数相抵消，最终的误差是+1，并没有很大。

也就是说，即使将同一分组中全部原始数据的合计置换为组值×频数，也不会产生大的差别。

2.4 平均值在直方图中的作用

下面继续解说平均值在直方图中有什么意义。也可以先从结论说起。这就是如果将直方图看作挑担人偶玩具，平均值就是平衡的支点。

比如，显示女大学生的身高数据的图2-1中，三角形点是平均值157.75cm。如果将直方图看作纸箱或是其他具体物体，将三角形的位置作为支点支撑，直方图就会像挑担人偶玩具一样取得平衡，不会向左右倒下。

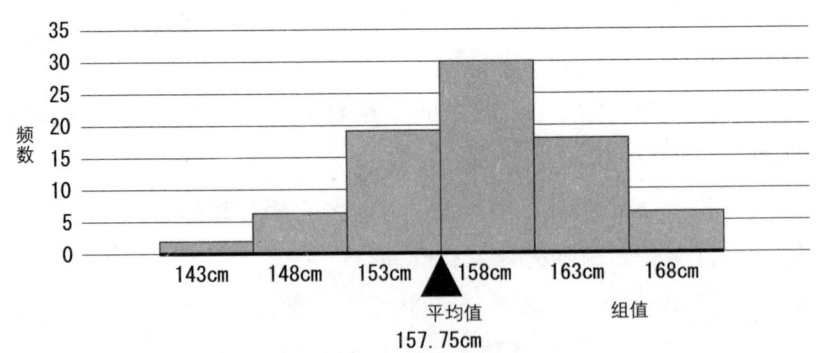

图2-1　平均值就像挑担人偶玩具的支点

至于为什么会这样，在本节的"补充"中会进行简单的说明。但在学习统计学时这并不重要，所以即使不理解也没有必要在意。

2.5 该怎样捕捉平均值

立足于上述讲解，下面我们来说明该如何捕捉平均值的思路。

最重要的捕捉方法是"从数值上看，数据是扩散着存在的，要在这种扩散中选出一点作为'代表全部数据的数值'"。实际上，对挑担人偶玩具来说，靠控制底边（图2-2与挑担人偶玩具的基台相对应的地方）外侧的点是不可能取得平衡的，必须选择底边上某个更好的点来做支点才能做到。因此，平均值就是这个数据的排列中，那个更好的点。

首先可以反过来看，"数据分布在平均值周边"这一点就很好理解了。比如，已知"某种蜜蜂的体长平均值是5cm"，我们从这个信息可以明白，"这种蜜蜂当然不全都正好体长5cm，但大概就是在5cm左右。至少不会是20cm、30cm"。

其次，应该明白的是，"多次出现的数据对平均值有大的影响"。因为平均值是以组值乘以相对频数来进行计算的，那么当然可以说出现次数多的数据对和来说给予了更大的数值。

另一个重要的地方是，在"直方图呈左右对称的情况下，平均值在对称轴的位置上"。这里，如果想象一下挑担人偶玩具的平衡情况，你甚至都无须再多作思考就能明白这句话的意思。

最后，"平均值是，即使假设全部数据都是相同的数字，那么在合计的意义上来讲也是极为重要的数值。"

这是从（平均值）+（平均值）+……+（平均值）=全部数据的合计得到的结论。这意味着"即使采用将全部数据都看作是相同的这种极端的想法，仅进行加法计算的操作也无损平均值的本质"。

总结

① 从频数分布表进行平均值的计算

平均值=组值×相对频数的合计

② 直方图中平均值的意义

将直方图看作挑担人偶玩具时平衡的支点。

③ 平均值的性质

第一，数据在平均值的周边分布。

第二，多次出现的数据对平均值的影响力大。

第三，直方图呈左右对称的情况下，其对称轴通过的点即平均值。

练习题

根据下面虚构的数据，填好频数分布表，计算平均值。

组值	频数	相对频数	组值×相对频数
30	5		
50	10		
70	15		
90	40		
110	20		
130	10		
	合计100		合计（平均值）

Column

取平均值的方法不止一个

说起平均值很容易让人联想到"相加再除以个数",而实际上,取平均值的方法有很多,这只是其中之一。像本文中所描述的那样,平均值是从数据的最小值和最大值之间选出的一个代表,所以根据目的的不同所选择的数字也会随之发生变化。

比如,我们想要得到两个数 x 和 y 的平均值。

"相加再除以个数"的平均值 $=\dfrac{x+y}{2}$,这叫作"算术平均数",是最著名的。

与此相对还有"相乘再开方 $=\sqrt{xy}$"的平均方法。这叫作"几何平均数"。是"乘以两个相同的数后,结果要与乘积 xy 相同,求这个数是什么"的计算,在求"成长率"平均数的时候经常使用。

比如,某企业某年的销售额增长了50%,次年减少了4%,那么从这两年来看这个企业的增长率,就是 $\sqrt{1.5 \times 0.96} = \sqrt{1.44} = 1.2$,即20%。就是与连续2年各增长20%是相同的结果。实际上,连续2年各增长20%是1.2×1.2=1.44,销售额达到1.44倍,这与第一年增长50%,第二年减少4%时1.5×0.96=1.44倍是一致的。

另外,作为其他的平均方法,还有"均方根值"。是将各个数据进行平方再相加并除以个数,最后进行开方。用公式表示为 $\sqrt{\dfrac{x^2+y^2}{2}}$。

此外还有"调和平均数"。用公式表示为 $\dfrac{2}{\dfrac{1}{x}+\dfrac{1}{y}}$。从实际意义上来思考的话会比较容易理解。

比如说,去程以时速 x 千米计算,返程以时速 y 千米移动,求平均时速是多少千米。单程按照1千米来计算，去程花费的时间为$\frac{1}{x}$，返程花费的时间为$\frac{1}{y}$，往返2公里花费时间就应为$\frac{1}{x}+\frac{1}{y}$，所以平均时速就是刚才列出的公式。

这些平均值全都存在于x和y之间，实际上也就是选出某一个数的操作。根据平均的方法，选择的数值各不相同，但都是"选出x和y之间的某一个数"。至于哪个数更"适合代表x和y"，取决于"想通过全部数据知道什么"。即以用途来区别使用就可以了。

如果"想在合计的意义上保持其本质"应该使用算术平均数；如果是"对待成长率等情况，想在乘法的意义上保持其本质"则使用几何平均数；另外，对待"速度"应该使用调和平均数。

比如，思考一下两个考试分数——10分和90分的平均数。

算术平均数是$\frac{10+90}{2}=50$

几何平均数是$\sqrt{10\times 90}=30$

均方根值是$\sqrt{\frac{100+8100}{2}}=64.03$

调和平均数是$\frac{2}{\frac{1}{10}+\frac{1}{90}}=18$

（每个都是在10和90之间的数）。

因此，如果这两个分数是你两次考试的结果，那么告诉父母的时候，说均方根值可以使他们看到最大的平均值。另外，当自己考了10分，朋友考了90分的时候，告诉父母调和平均数，就可以辩解说"自己的成绩10分虽然很差，但平均18分说明大家都很差"。（不用说这只是个玩笑，统计是不可以这么随意使用的。）

【补充】挑担人偶玩具的支点是"算术平均数"的理由

简单说明一下本文中阐述的"平均值是直方图中挑担人偶玩具的支点"这一事实。现在,数据只有两种数字x和y,x的频数为a个,y的频数为b个。

这个直方图图2-2的挑担人偶玩具的支点m,意义在于支撑这里即成为挑担人偶玩具的平衡点。

现在请想想"杠杆原理"。杠杆原理是"(到支点的距离)×(承担的重量)相同的时候,挑担人偶玩具得到平衡"。

这里将数据的频数看作"重量"。也就是说,数据x上重量是a克,数据y上重量是b克。如图2-2,这样的话,对于数据x的点,(到支点的距离)×(承担的重量)=$(m-x)×a$,对于数据y的点,(到支点的距离)×(承担的重量)=$(y-m)×b$。

因此,从杠杆原理可得,$(m-x)×a=(y-m)×b$,m是平衡的支点。

解m得到

$$m = \frac{a}{a+b}x \times \frac{b}{a+b}y$$

这是(x的相对频数)×x+(y的相对频数)×y的意思,所以正好是平均值。

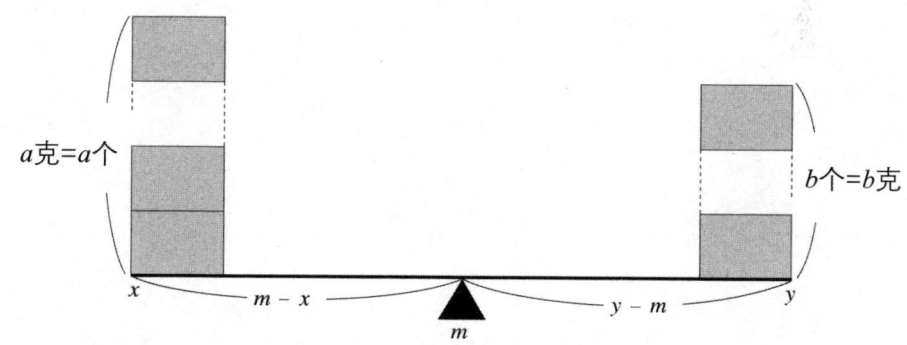

图2-2 挑担人偶玩具的支点是"算术平均数"

第3章 由数据分散程度估计统计量
——方差和标准差

3.1 数据的分散和波动

上一章说明了平均值表示"数据在其周围分布"这一大致的推测。比如,已知"女大学生身高的平均值是157cm",可以认为"女大学生的身高分布在157cm左右"。

但是,只根据这一点并不能弄清数据分布的状态。女大学生的身高确实是在157cm左右分布,大部分人是在155～160cm,但也有一些身高130cm或200cm的人,是完全无法根据平均值来推测的。也就是说,平均值只是数据分布中抽取出的一点,而数据在其周围如何扩散,或者说如何分散,是不清楚的。

这一点最重要的意义在于收入的分布。比如,如果A国和B国的国民平均收入都是m美元,那这两个国家是有着同样财富分配的国家吗?并非如此。即使平均收入是相同的m美元,大部分国民差不多都有m美元收入的国家是"平等性高"的国家,国民中富人和贫民都存在的国家是"贫富差异大的"国家。

举一个能体现这种数据分散和波动的重要性的日常例子,这就是公交车的运行状态。

比如，你正在为要不要乘坐某路线的公交车而烦恼。公交A的时刻表到达时刻是等概率迟到2分钟和提前2分钟。公交B的时刻表到达时刻是等概率迟到10分钟和提前10分钟。只看两路公交到达时刻的平均值，如果把它们当作按照时刻表运行（无迟到）的公交来看待的话，是无法区分其优劣的。

这时，只看公交车的到达时刻"平均值"，能决定是否乘坐吗？无论是谁一定都会回答"不"。

即使明白公交A和公交B从平均上来说都是根据时刻表运行的，但说到底这也只是平均，前前后后时间多少会有变动，不通过计算是不能决定该乘坐哪路公交车的。实际上，即使是在A公交迟到或提前了2分钟的时候，很多人还是认为与其乘坐B公交不如步行或是使用私家车。

这种公交A的"2分钟"和公交B的"10分钟"，就可以被看作是表示公交车时间的变动、到达时刻的不均一和分散情况的统计量。这样你就能够实际体会到，在决定是否乘坐公交车时，比起平均值来，更重要的是了解这种表示分散情况的统计量。

3.2 方差的实例解读

图3-1是正点到达时间为7时30分的公交车5天内的到达时刻数据（虚构）。

单位（分钟）

32	27	29	34	33

图3-1　正点到达时间为7时30分的公交车5天内的到达时刻

求这5个数据的平均值，得31，所以可以判断这路公交车平均7时31分到达。

但是能够看出，实际的公交车到达时刻是在平均值31分周边不均匀分布的。这意味着公交车的到达时刻是不一样的。

那么这些到达时刻到底"不一样"到什么程度呢？如何才能测定呢？

首先，有效的做法是用5个数字分别减去平均值。这就是图3-2。

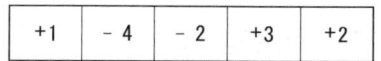

图3-2　与平均值7时31分相比

这能表示出各数据比平均值大多少或小多少。正数是大，负数是小。这个数值在统计学中称为"偏差"（deviation）。根据这个偏差我们可以明白到达时刻的分散情况是与平均值（作为分布的代表选出的数值）相比最多推迟3分钟，提前4分钟（如图3-3）。

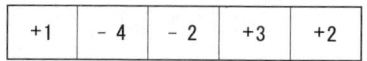

图3-3　到达时刻的"偏差"

其次，我们想知道的数值是将这5个偏差压缩，得到1个代表的数。但是单纯求算术平均数（相加除以个数）并不能顺利地解决这个问题。

上述这种做法的实际结果为[（+1）+（-4）+（-2）+（+3）+（+2）]÷5=0÷5=0

事实上，我们可以证明，无论什么数据，取它的偏差，求偏差的算数平均数都得零（想知道理由的人请看本章最后的"补充"）。其实即使不知道"一定为零"这件事，也能从直觉上感到这个方法不好。将正数、负数进行平均，正数数值和负数数值相互抵消，算术平均数明显会变小。这不是我们想要的统计量。

为什么这样说呢？因为无论推迟3分钟还是提前3分钟，表示的都是公交车时刻的波动，相互抵消后就无意义了。

那么，有什么令人满意的求平均的方法呢？

这需要不会引起正数、负数相抵消的求平均的方法。而上一章中提到的"均方根值"正符合要求。"均方根值"是将想要平均的数值进行平方再合计然后除以个数，最后进行开方，算出数值中最大值和最小值之间的一个数值。这样的话，进行平方可以消除负号，就不会发生相互抵消的情况了。

让我们来具体作一下。

首先，将偏差进行平方再取平均。

$$\frac{(+1)^2+(-4)^2+(-2)^2+(+3)^2+(+2)^2}{5}$$

$$=\frac{(+1)(+1)+(-4)(-4)+(-2)(-2)+(+3)(+3)+(+2)(+2)}{5}$$

$$=\frac{1+16+4+9+4}{5}=6.8$$

首先，这个阶段（还没有开方所以不是均方根值）得出的统计量被称为"方差"（variance），是可以评价数据波动情况的量，具有非常优秀的数学性质。

但是，方差就这样（表示波动情况）放着的话，有两个缺点。第一，"作为表示波动情况的数值太大了"。偏差的数值最多应在正、负4的程度，但方差为6.8，这大了很多。另外，第二个问题是"单位发生了变化"。原数据的单位是"分钟"，求方差进行平方后单位变成了"分钟^2"。

这两点，可以由取方差的根即"均方根值"来进行消除（开始没有这样讲而是以"方差"这个统计量作为中转点，是因为在后文中，方差会被当成推论统计工具来使用）。

方差开方后的数值$\sqrt{6.8}\approx 2.61$，这样一来给人的感觉就是将偏差进行了平均，并且单位也正好回到了"分钟"。这个统计量叫作"标准差"（standard deviation），标准差正是偏差的均方根值，请记住它常被略称为英语首字母"S.D."。（本书也常常使用S.D.这一略称）

3.3 标准差的意义

如上所述，我们就弄清了公交车数据的标准差。总结其过程如下所述。

①公交车平均来说比时刻表（7时30分）迟到1分钟。

②只明白这一点并不能确定公交车的可信性。公交车不会总是迟到1分钟,到达时刻是波动的。

③衡量公交车到达时刻的波动,时间的不均一、不确定的是标准差($S.D.$),这里约为2.6分钟。

那么,这个$S.D.\approx 2.6$分钟告诉了我们什么?

可以认为是"公交车平均比时刻表推迟1分钟到达,但实际的到达时刻分散在2.6分钟前后"。

也就是说,与"平均值"是代表数据分布的数值相对,$S.D.$作为其代表值的基点,是表示数据大致扩散到多远的程度的量。

为了便于理解这一点再举一个例子。

图3-4是(虚构的)以10分为满分的考试结果的数据。将数据X和数据Y作比较,看上去数据Y比较分散,让我们从$S.D.$上好好确认一下。

| 数据X | 4 | 4 | 5 | 6 | 6 | 平均值=5 |
| 数据Y | 1 | 2 | 6 | 7 | 9 | 平均值=5 |

图3-4 两个得分数据和平均值

首先,无论哪个数据,平均值都是5,所以从各数据减去平均值5,得偏差(见图3-5)。

| 数据X | -1 | -1 | 0 | +1 | +1 |
| 数据Y | -4 | -3 | +1 | +2 | +4 |

图3-5 两个得分数据的偏差

通过看偏差可以更加明确地认识数据分散情况。

很明显,数据Y的分散大(也请确认两者偏差的合计是否都为零)。

进行均方根值计算,求$S.D.$,就可以完全确信这一点。

数据X的 $S.D.=\sqrt{\dfrac{(-1)^2+(-1)^2+(+0)^2+(+1)^2+(+1)^2}{5}} \approx 0.89$

数据Y的 $S.D.=\sqrt{\dfrac{(-4)^2+(-3)^2+(+1)^2+(+2)^2+(+4)^2}{5}} \approx 3.03$

确实是数据Y的S.D.大。

另外，分别观察X、Y的S.D.，也会觉得果然如此。

数据X的S.D.约为0.9，而回头看图3-5，数据X的数据偏差在平均值周边按±1左右分散。全都偏离1的话，S.D.是1，因为只有1个偏差是0，所以S.D.比1稍小。

另外，数据Y的S.D.大约为3，看偏差的话，1、2、3各有1个，4有2个，所以大约是3。

3.4 从频数分布表求标准差

虽然在入门篇没有必要，但鉴于本书的后半部分的需要，这里先对从频数分布表求标准差的方法进行一下解说。

首先，请想一下用（组值）×（相对频数）的合计进行的平均值计算（参照2.3）。然后，将从频数分布表中计算所得的平均值从组值中减掉，可求"组值的偏差"。

将这些进行平方，乘以相对频数再进行合计，可求"组值偏差的平方的算术平均数"。这正是"方差"。

最后进行开方，就是"标准差"。

也就是说，

（组值−平均值）^{2}×（相对频数）的合计=方差

$\sqrt{方差}$=标准差

可以通过图3-6来解释这一算式。

A组值	B相对频数	A×B
1	0.3	0.3
2	0.5	1.0
3	0.1	0.3
4	0.1	0.4

平均值=2.0

A组值	C组值-平均值	C^2	B相对频数	$C^2 \times B$
1	−1	1	0.3	0.3
2	0	0	0.5	0
3	+1	1	0.1	0.1
4	+2	4	0.1	0.4

方差=0.8

$S.D. = \sqrt{0.8} \approx 0.89$

图3-6　从频数分布表进行的$S.D.$计算

①关于标准差
平均值的计算
（数据的合计）÷（数据数）
②偏差的计算
偏差=（数据的数值）-（平均值）
③方差的计算
方差=［（偏差的平方）的合计］÷（数据数）
④标准差的计算
标准差=$\sqrt{方差}$=偏差的均方根值
⑤从频数分布表进行方差和标准差的计算
方差=（组值-平均值）^{2}×（相对频数）的合计

> 标准差=$\sqrt{方差}$
>
> ⑥标准差的意义
>
> 平均值是从数据的分布中取出的代表的数。
>
> 因此，可以认为数据以平均值为基点，在其左右扩散。
>
> 评价这种扩散、分散的是标准差。
>
> 标准差将数据平均值的离散方式进行平均化。此时，无论是向大的方面离散还是向小的方面离散，都以正数进行评价，从而避免相互抵消的平均。

● 练习题 ●

按下面的步骤，试着计算如下虚构数据的标准差。

步骤1　首先计算平均值。

数据	6	4	6	6	6	3	7	2	2	8	平均值

步骤2　计算偏差。

偏差											

步骤3　计算偏差的平方及其平均值（方差）。

偏差的平方											平均值

步骤4　计算标准差。

标准差=（偏差的平方的平均值）的平方根$(\sqrt{})$=

【补充】偏差的平均值必定为零的证明

（偏差的平均值）

=（偏差的合计）÷（数据数）

={［（数据）-（平均值）］的合计}÷（数据数）

=［（数据）的合计－（平均值）×（数据数）］÷（数据数）

=（数据）的合计÷（数据数）－（平均值）×（数据数）÷（数据数）

=（平均值）－（平均值）

= 0

或者也可以用"挑担人偶玩具的平衡"作如下理解。

从各数据中减掉平均值，在直方图上来看，是在图中仅将平均值向左（负的方向）平行移动。这时，各数据的移动地点是偏差的位置。另外，因为仅仅进行了平行移动，所以新的挑担人偶玩具的支点，当然就是平均值的移动地点。

这就是（平均值）－（平均值）= 0。

因为挑担人偶玩具的支点，是直方图的平均值，这意味着偏差（数据的移动地点）的平均值为0（原平均值的移动地点）。

第4章 标准差（S.D.）与数据评判

4.1 标准差与"波浪运动"

上一章中解说了标准差（S.D.）。如果只读一遍说明，可能多数读者都不能马上彻底理解标准差的定义。那么，让我们试着再作一下形象的补充。

作者在教授学生标准差时，总是说"请试想一下冲浪的感觉"。对冲浪来说，海水水位很重要，但却不是最重要的。"波浪如何上下运动"才是冲浪者关心的目标。

这里所说的"海水水位"正是"平均值"。将波浪的上下运动平均，假设水位是一定的，这个一定的程度，就是平均值。与此相对，浪涌的激烈程度，正可以说是"标准差"（如图4-1）。相比于平均水位，大致上下运动50cm的波浪，和大致上下运动1米的波浪，对于冲浪可以说是完全不同的海域。冲浪最想知道的是波浪的S.D.。在公交车的例子中，S.D.小的公交车受欢迎，这里正好与其相反，冲浪者喜欢S.D.大的海域。

图4-1 以冲浪的感觉考虑标准差

4.2 S.D.评价数据的"特殊性"

知道了S.D.，从数据中我们还可以知道什么呢？

这里有两种思路。第一，可以明白"一组数据中某一个数据的意义"。第二，可以通过"比较复数的数据组得出不同"。

让我们解说一下第一种思路的使用方法。

比如，你知道了考试结果，是75分，比平均分60分高15分。这时，你会高兴到什么程度呢？

当然，因为取得了比平均分高的分数，所以确实应该高兴。但是，问题是可以"高兴到什么程度"。此时你要知道的是"S.D.是几分"。

现在，假设S.D.是12分。这样一来，你的分数就是"大致高1个S.D.的高分"。请想一下S.D.即标准差，是"将平均值的离散方式平均化的值"。这样一来，你的分数就是比平均分好（平均分之上）的"普通"离散的值，是"典型的离散方式"。得这个分数的人很多，所以并不值得多高兴。

相反，试想S.D.更低，为8分左右。此时你会更加高兴。因为平均分的离散方式（针对全员的平均化）为8分左右，而你的分数是多一倍的离散（如图4-2所示）。

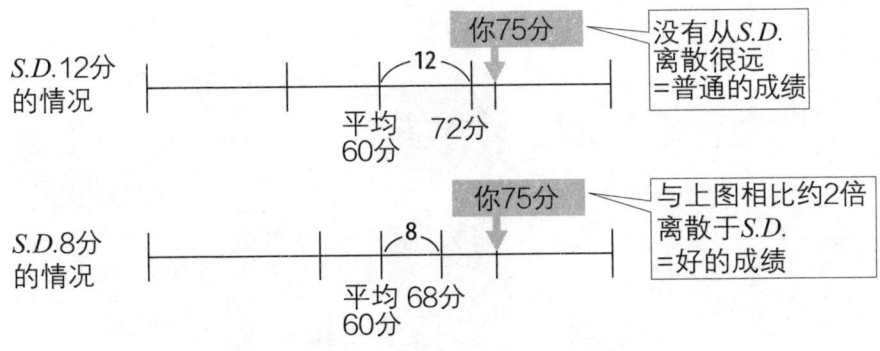

图4-2 "标准差是几分？"这很重要

通过这个例子可以明白，一组数据中某一个数据的特殊性，不能从平均值的离散方式（前面说过这叫作"偏差"）的数值中得出，而必须以S.D.为基准重新看待。在这个例子中，1个S.D.左右不能说很特殊，要2个S.D.左右才可以算程度特殊。因此，"以S.D.（标准差）测量偏差为几个"的表达变换很重要。也就是说，要以［（数据）-（平均值）］÷（S.D.）这个计算为标准来评价数据。

作为统计学的常识，下述这一基准是被大家所广泛了解的。

数据特殊性的评价基准

如图4-3，一组数据中某个数据的偏差，如果以S.D.测量在±1左右，可以说这是"平常的数据"。

而如果数据的偏差在外侧±2，则可以说这个数据是"特殊的数据"。

这里让我们看一下它"特殊"到什么程度，仅供参考。可以这样想，如果数据组的性质好（术语上叫作"距正态分布近"。关于正态分布，后面的章节会详细解说），距平均值±1个S.D.的范围内就包含约7成的数据。而由此可以判断，距S.D.±2个的数据，两侧相加大约只占5%是正确的（后面的章节中会再次解说）。

也就是说，如果你的数据比平均值大2个以上S.D.，就意味着这是只占全体2.5%左右的数据（是好是坏要看时间和地点），可以说是相当"特殊的"。

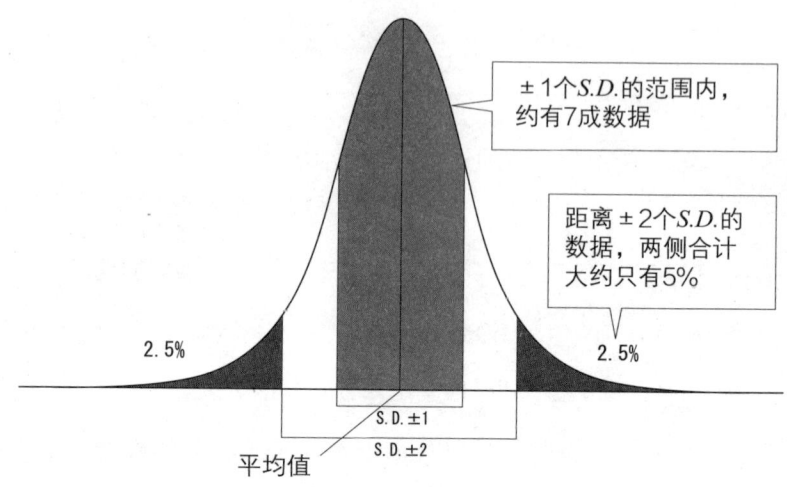

图4-3　数据特殊性的评价基准

4.3 复数的数据组的比较

下面让我们来说明"比较复数的数据组"时S.D.的使用方法。

如图4-4，X君10次模拟考试平均分是60分，S.D.是10分，而在同样的10次考试中，Y君的平均分是50分，S.D.是30分。从这个例子中可以看出什么呢？

只从平均分看，X君是比Y君优秀的学生。但仅凭这个并不能看透两人真正的考试结果。实际上，X君的平均分是60分，S.D.是10分，所以可以推测X君是在1个S.D.幅度内大约50~70分范围中的人。与此相对，Y君的平均分是50分，S.D.是30分，可以推测他是大致在20~80分范围中的学生。

也就是说，X君是成绩"稳定"的人，Y君是成绩"波动"的人。

从这里我们可以看出，仅用"优秀程度"来评价两人是不够的。X君想进入50分就能进入的学校，未必一定不合格，但想进入80分以上的学校会很困难。与此相对，Y君想进入40分就能进入的学校也有不合格的可能，而想进入需要80分才能进入的学校也有合格的机会。

所以，加上S.D.来考虑，可以明白这里我们不是在以"优秀程度"这一序列来评价X君和Y君,而是在比较他们"性质的差异"。

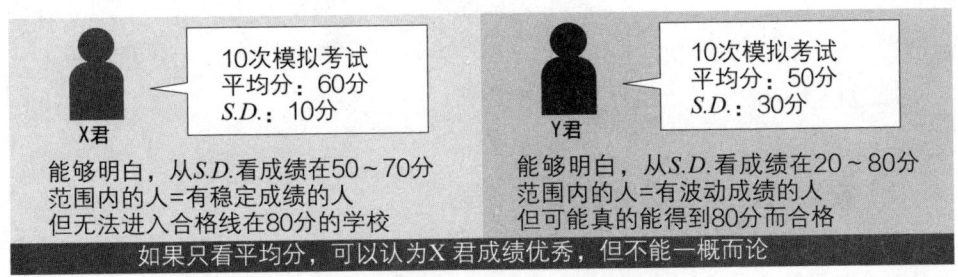

图4-4 对复数的数据组的比较

4.4 加工后的数据的平均值和标准差

这里让我们解说一下,简单加工一组数据时,平均值和标准差是如何变化的这一数学问题。这不会马上用到,但从第7章开始会变得非常重要。

首先,将1组数据加上相同的数,看看平均值和标准差会如何变化。比如,我们使用的是5个数据1、3、4、5、7,这里将其统称为数据X(如图4-5)。

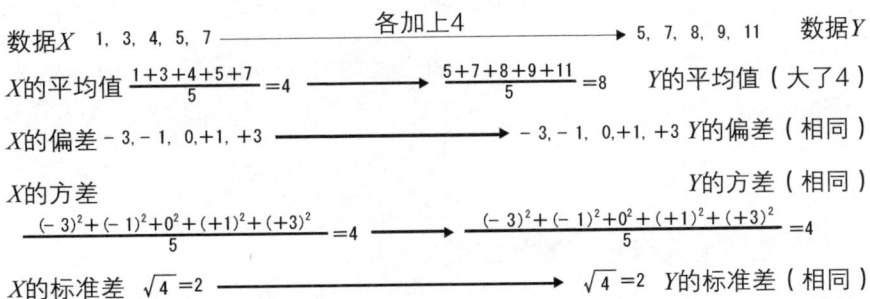

图4-5 将数据加上定值进行加工

这是在数据X的各数据数值上加4得到数据Y。

在图4-5中我们看到,Y的平均值大了4。因为所有的数据增加了4,所以这是理所当然的（也可理解为直方图向右移动了4，挑担人偶玩具的支点也只作了相同的位移）。这样一来，大家也大致能理解为何偏差会完全相同了吧。各数据增大了4，平均值也增大了4，所以（数据）－（平均值）应该与之前相同。

通过以上内容，可以明白如下法则。

1）在数据上加上定值的加工效果

在数据组X上加上定值a，成为新数据组Y，数据Y的平均值为数据X的平均值加上a，数据Y的方差和$S.D.$与数据X相比不变。

下面，看一下将数据组X的各数据变成2倍会怎样。

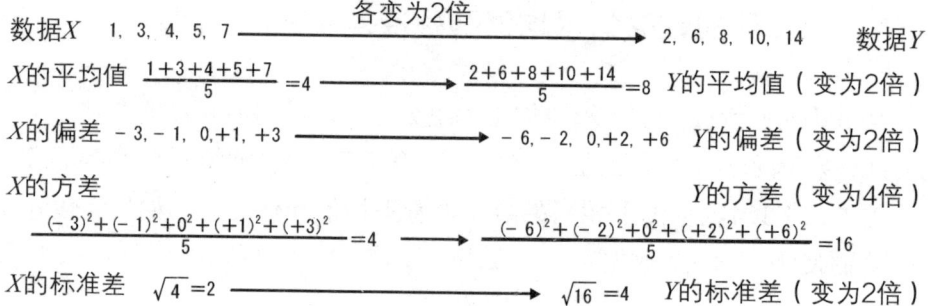

图4-6 将数据乘以定值进行加工

如图4-6，平均值变为2倍，偏差随之变为2倍。由此可知，方差因为2的平方而变为4倍（因为偏差是平方再平均）。因此，标准差（因为开方的效果）变为2倍。

2）在数据上乘以定值的加工效果

将数据组X的全部数据乘以定值k，得到新数据组Y，数据Y的平均值变为数据X的平均值乘以k，数据Y的方差是k的平方倍数，$S.D.$变为k倍。

作为这两条法则的应用，让我们看一下图4-2中讲过的"几个$S.D.$"的数据的思路，即如何通过

$$[（数据）-（平均值）] \div (S.D.)$$

这一数据加工，使得平均值和S.D.发生变化。

首先，（数据）-（平均值）表示从各数据中减去平均值，其平均值（平均值-平均值）为0，S.D.不变（前文中也已经解说过）。

然后将各数据除以S.D.，即相当于乘以S.D.的倒数$\left(\frac{1}{S.D.}\right)$，所以加工后的数据的S.D.（原数据的S.D.）×（原数据的S.D.的倒数）=1。

3）成为几个S.D.的数据加工效果

将数据进行[（数据）-（平均值）]÷（S.D.）的加工，可以得到所得数据的平均值为0，S.D.为1这一重要法则。

总结

①判断数据的特殊性，以S.D.为基准。

②只距平均值1个S.D.左右的数据可以被称为普通的数据，距平均值超过2个S.D.的数据可以被称为特殊的数据。

③想要知道有几个S.D.，可以用[（数据）-（平均值）]÷（S.D.）来计算。

④-1 数据组X的全部数据加上定值a得新数据组Y，数据Y的平均值是数据X的平均值加上a，数据Y的方差和S.D.与数据X的相比不变。

④-2 数据组X的全部数据乘以定值k得新数据组Y，数据Y的平均值是数据X的平均值乘以k，数据Y的方差是k的平方倍数，S.D.是k倍。

⑤将数据进行[（数据）-（平均值）]÷（S.D.）的加工，所得数据的平均值为0，S.D.为1。

练习题

在括号中填空，并在正确的判断上面画〇。

亚洲某国成年女性的身高平均值是160cm，$S.D.$是10cm。此时，

①身高150cm的女性，以$S.D.$衡量比平均值低（　　）个。

这是一个特殊数据（可以这样说、不能这样说）。

②身高185cm的女性，以$S.D.$衡量比平均值高（　　）个。

这是一个特殊数据（可以这样说、不能这样说）。

Column

写给厌恶偏差值的你

因为高考，偏差值这一统计量得以在不少国家扎根。学生时代被偏差值折腾而产生厌恶情绪的人有很多，但是，令人感到意外的是，真正理解"偏差值"这一统计量的人似乎很少。

偏差值按照如下方法算出：首先，对于考试的平均分，给予偏差值50。然后，比平均分每高1个$S.D.$，给予偏差值10分，每低1个$S.D.$减去偏差值10分。这就是偏差值的计算。

根据上面内容可以知道，偏差值在50±10范围内的分数，即偏差值为40~60的是"平凡的""普通的""常见的"的分数。按照这一思路就能明白，偏差值55和偏差值60比较，只意味着"两者都是从平均值上看常见的偏差方式"，只能说两者的差是"偶然的产物"，并不是一定的事情。

当然，偏差值为70、80或是偏差值为30、20的得分，可以说是相当"特殊"的成绩。得到这一成绩的人，也确实有必要好好思考一下适合自己的人生道路。

这样，就可以明白仅将偏差值理解为$S.D.$的读者，"对偏差值的琐碎数值或喜或忧"，或是进行"偏差值对孩子不好"的夸张批判时是怎样一种心情了。

总而言之，我们应该好好理解统计量的意义，并选择相应的使用方法。

第5章 标准差（$S.D.$）在股票风险指标（波动率）中的应用

5.1 股票的平均收益率是什么

随着互联网的发展和电脑的普及，IT时代来临了。在这种环境下，个人投资者利用互联网在股票交易中的活跃忽然吸引了大家的目光。现在很多人已经不是通过机构投资，而是个人以即日买卖的方式使用电脑或手机积极进行交易（投资机构是广泛集中资金，以此为资本，由职业投资者进行投资运作，在本金上附加收益返还给资金委托者，同时也收取部分收益作为报酬的组织）。

那么，如果想通过股票交易赚钱要怎么做呢？大致来说有两种方式。

第一种，取得分红作为收益。所谓股票，用一句话来说就是"公司的所有权"。股票的所有者可以根据相应的持股比例，每年以分红的形式取得该企业利润的一部分。将其看作类似储蓄利息的东西就容易理解了。分红所得的收益叫作股利收入。

第二种，不是以分红形式赚钱的手法，那就是将股票放入股票市场进行不间断的买卖操作。因此，在股票市场中，可以将股票"便宜时买入，贵时卖出，赚取差额"。也就是说，利用该企业在股票市场的价格变动赚钱。这样的收益叫作资本收益。

以资本收益为目的进行交易时,重要的是股票的"平均收益率"这一指标。这里特别提一下月平均收益率。

月平均收益率是指,收集某品种的股票一个月的时间中上涨了百分之几(下跌的情况看作负增长)的12个月的数据,取其平均值。

比如,"月平均收益率10%",意味着这个品种的股票平均一个月上涨了10%。也就是说,"购入100万日元的此股票,持有一个月后卖出,平均可以得到上涨10万日元的收益"(参照图5-1)。

收集某品种的股票一个月期间上涨了百分之几(下跌的情况看作负增长)的12个月的数据,取其平均值=月平均收益率。

月平均收益率:10%
=一个月平均上涨10%

购入100万日元这种股票
⬇
持有一个月卖出
⬇
卖了110万日元
得到(平均上涨的部分)
10万日元的收益!

图5-1　100万日元的股票赚取10万日元

5.2 利用平均收益率判断个人投资

让我们来看一张20世纪80年代股票月收益率平均值,如表5-1。

表5-1　股票的月平均收益率

年份	1980	1981	1982	1983	1984	平均值
月平均收益率	2.05	2.46	−1.33	2.04	−0.54	0.94

表5-1所显示的是，20世纪80年代日本企业中具有代表性的新日本制铁公司股票月平均收益率的合计。

其中，我们可以看到1981年月收益率的平均值大约为2.5%。如果只看这个，这一年的股票交易应该可以一本万利赚大钱。因为月收益率为2.5%，按年度来算乘以12就上涨了30%（按照每月投资100万日元，单利来计算）。如果是存款的话，怎么也不可能达到年利息率30%（如果存100万日元，1年后就能得到30万日元的利息，变为130万日元的存款），所以不管怎么看，这项股票投资都能称得上是很好的投资。

但是，不能过早作出结论而导致错误。不要忘记，说到底这只是"平均值"。即使收益的平均值是2.5%，也不是每月都正好能得到2.5%的收益，实际的收益是以此为基点左右扩散的。表5-2表示的就是实际的月收益率。

表5-2　股票的月收益率

	1980	1981	1982	1983	1984
1月	9.2	2.8	-0.6	-2.8	0
2月	2.3	-1.4	-11.8	9.3	-5.7
3月	-6.5	17.6	3.5	11.4	10.6
4月	9	17.8	1.9	3	-0.6
5月	5.3	5.5	-5.5	-7.5	-11.2
6月	-4.3	-1.9	-9.1	2.5	-3.8
7月	-3.7	1.9	-5.7	-0.6	-5.2
8月	7	9	2.3	1.8	6.2
9月	7.6	-10.3	-4.9	5.1	-4.2
10月	1.4	-10.3	-0.8	-2.3	2.1
11月	-3.4	-7.7	8	-6	0.6
12月	0.7	6.5	6.7	10.6	4.7

看一下图中1981年的数据就能明白，实际的月收益率的值是各种各样

的。甚至可以说落在平均值2.5%上的数字很少。此时，请想想能够更细致地捕捉数据实际状态的统计量S.D.。

表5-3是各年的月收益率S.D.一览表。

看一下就会明白，无论哪一年，月收益率的平均值对应的S.D.都很大。

表5-3 股票的月收益率的S.D.（标准差）一览表

年份	1980	1981	1982	1983	1984	平均值
月平均收益率	2.05	2.46	−1.33	2.04	−0.54	0.94
S.D.	5.35	9.11	5.91	5.98	5.71	6.74

1981年的情况……平均约有2.5%收益的股票=好股票？
→但也有遭到−6.5%损失的情况

比如，与1981年收益率的平均值约2.5%相对，其S.D.高达约9%。

在上一章中我们已说过，"1个S.D.左右的数据是常见的"。运用这一原理，可观察并考虑得出1981年的月收益率在2.5±9.0的范围，也就是（+11.5）~（−6.5）的范围。如果说得极端一些，"应该做好购买这支平均收益为2.5%的股票时，也有可能遭到6.5%的损失的思想准备"。

5.3 波动率的意义

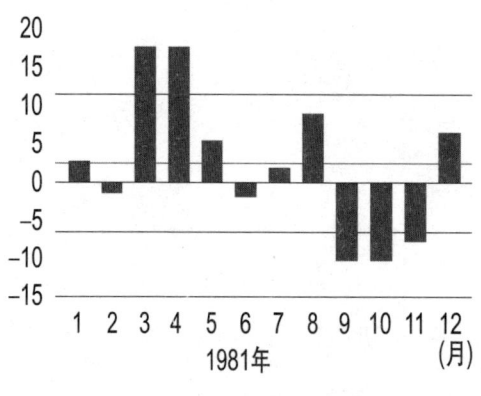

图5-2 月收益率的变动

图5-2是1981年月收益率的柱状图。

细线表示平均值，图以此为起点上下波动是很正常的（想一下冲浪的比喻）。

总的看来，这个波浪的幅度是S.D.。试着在图中由平均值向下降到和向上升到S.D.的地方画线，可见柱形大致在此范围内。

当然，也有向下或向上超出这一范围的柱形，但如果大概设想出图中所示的这两条线，就可以大致捕捉到股票收益率的变动。

这样就能明白，在股票交易中，不仅是收益率的平均值，$S.D.$也很重要。因此，我们要用一个特别术语来称呼这个$S.D.$，即波动率（volatility）。波动率在日语中被译为"预想变动率"，意思是从平均值算起会产生多大幅度的偏移。

也就是说，股票的收益率$S.D.$等于波动率。波动率是股票交易风险的指标。因此，只预定收益的平均值，而不能由此充分预想波动率向下的浮动也是不行的。

这里，细心的人也许会注意到这件事：既然有从平均值只下降波动率9%的可能，反过来说，也一样有只提高9%的可能。这样看来，如果说波动率是风险的指标，那它同时也是机会的指标。

另外，根据上一章中的讲解，波动率还可以像这样作为积极的基准来使用："波动率为9%，就不用过多地考虑从平均值算起下降（当然也包括提高）18%（$S.D. \times 2$）以上的情况"。

如上，说标准差在股票交易这样讲求实际的世界中也是非常重要的指标，绝不是荒唐的无稽之谈。

总结

①在股票交易中，不仅是收益率的平均值，$S.D.$也很重要。

②购入股票时，有收益率会从收益率平均值下降1个$S.D.$左右的思想准备会比较好。

③购入股票时，不用过多地考虑收益率从收益率平均值下降2个$S.D.$左右的情况。

④股票的收益率的$S.D.$的术语，叫作波动率。

------- **练习题** -------

1983年的韩国股票投资月平均收益率约为2%,标准差约为6%。

①从月平均来看,这一年的投资,可以期待得到投资额2%的收益,但也要有在此收益前后平均1个 S.D. 的变动的思想准备。

也就是说,计算2%-(　)%～2%+(　)%,并有预定(　)%～(　)%变动幅度的必要。

②一般来说,几乎不用设想偏移2个 S.D. 的情况。

也就是说,几乎不用设想月收益率2%+(　)%×2=(　)%和2%-(　)%×2=(　)%的情况。

③股票A,月平均收益率7%,标准差12%。

股票B,月平均收益率4%,标准差3%。

此时,可以估计购买股票A并持有1个月时的收益率为(　)%～(　)%,购买股票B并持有1个月时的收益率为(　)%～(　)%。

因此,不希望亏本(返还的钱比投资金额少)的投资者应该购入股票(　),此时,要有最好成绩是收益最多为(　)%左右的思想准备。相反,不怕亏本的投资者应该购入股票(　),此时,可以预测到如果运气好的话能得到(　)%左右的收益。

第6章 标准差（S.D.）与投资风险评测报

6.1 高风险、高回报和低风险、低回报

第5章中提到，股票收益率的标准差（S.D.）叫作波动率，表示的是股票交易的"风险"。它说明，收益率S.D.大的股票，收益率从平均值下落1个S.D.是很正常的，应该认识到此"危险性"（风险）的存在。

因此，我们应该关注"各种资产运用方法，各有什么程度的收益率和波动率"。

表6-1是由野村综合研究调查所得的美国互惠基金1988—1995年资产运用的实绩（出自安达智彦的《投资信托的识别方法》）。表中最下面两列，记录的是收益率的平均值和S.D.（年度数据）。观察可得，"收益率越高，S.D.

表6-1 某资产运用的实绩

	股票基金（商品A）	债券基金（商品B）	MMMF（商品C）	1年定期存款（商品D）
1988年	13.2	7.7	7.3	7.4
1989年	20.9	9.5	9	8.2
1990年	-6.9	3.7	8.1	7.9
1991年	35.6	17.2	5.9	7.1
1992年	8.9	7.9	3.3	4.2
1993年	12.5	10.3	2.6	3.3
1994年	-1.7	-3.7	3.8	3
1995年	31.1	15.6	5.4	4.9
风险=标准差（S.D.）	14.7	6.6	2.3	2.1
回报=收益率的平均值	14.2	8.5	5.7	5.8

越大"。

如图6-1，以 S.D. 为横轴，收益率的平均值为纵轴，画上代表4个实绩的点，视觉效果会更加明显。4点大致在一条直线上，向右上倾斜。这就说明，收益率的平均值（纵轴的值）高的基金，S.D.（横轴的值）就大，风险也大。相反，风险（S.D.）越小，收益的平均值也不得不自动变小。

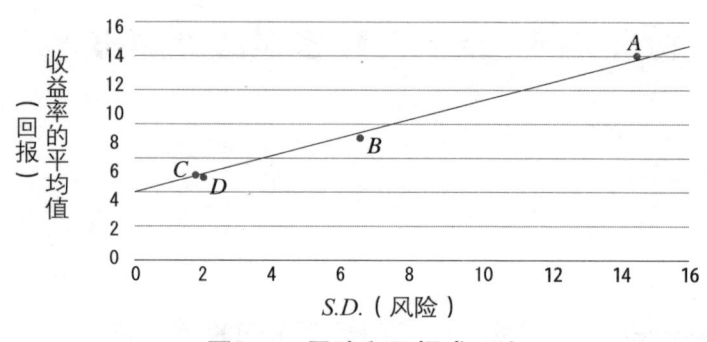

图6-1　风险和回报成正比

这一特性不是互惠基金所独有的，在所有资产运用和投资中都可看到这一倾向，这就是我们俗称的"高风险、高回报"，即为了获得大的收益，要有承担高危险性的思想准备。与之相反，想要有安全的收益就必须忍受低收益。

6.2 金融商品优劣的衡量方法

像刚才说明的，高风险与高回报，或者低风险与低回报是配套存在的，不能说哪一个比另一个优秀或是低劣。投资哪一套金融商品是投资者的"喜好"问题，而从某种程度上来说，这种"喜好"就代表着商品自身的"品质"。

也就是说，应该认为图6-2中A、B、C、D这四种金融商品（代表表6-1的金融商品）及与这4点在同一直线上的点所表示的金融商品之间，没有优劣之分。

那么让我们以这4点做成的直线为基准，考虑一下一般的金融商品。比如，看一下点P处的回报和风险所代表的金融商品。它不仅与A有同样的回报，而且风险比A小，称得上是"比金融商品A优秀的金融商品"，自然也就比直线上任何一个金融商品都优秀。

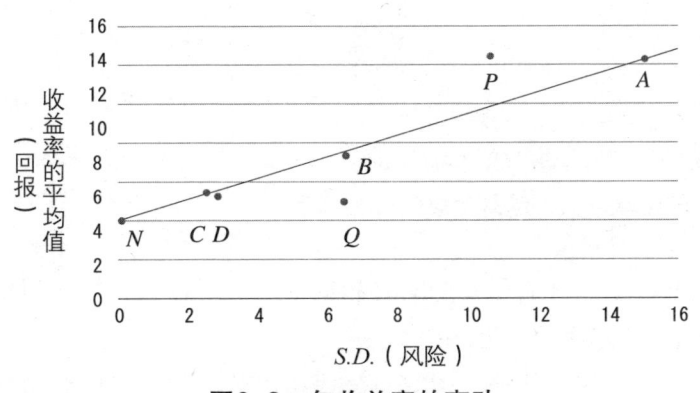

图6-2 年收益率的变动

另外，再看一下点Q处的回报和风险所代表的金融商品。它与金融商品B有相同的风险，但回报却低。这就表明Q是比B低劣的金融商品，即"是比直线上所有金融商品都低劣的金融商品"。

理解了以上内容，就能看透如下事情。

即"在直线A、B、C、D上部的金融商品比直线上所有的金融商品都优秀，相反，在下部的金融商品要比直线上所有的金融商品都低劣"。

6.3 衡量金融商品优劣的数值：夏普比率

上一节中介绍的是用图来衡量金融商品优劣的方法。而如果用一个数值来代替这些图，就会使衡量变得相当方便。经济学家夏普提出的"夏普比率"（SPM：夏普的评价测度）就是这样的数值。夏普比率越大，金融商品就越优良。

金融商品X的夏普比率按照如下方法计算。

（X的夏普比率）=［（X的回报）－（国债的收益率）］÷（X的风险）

大致来说，夏普比率是个分数，分子是对回报的评价，分母是对风险的

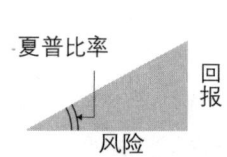
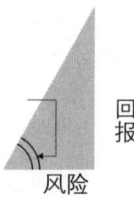

夏普比率越大（角度越大），
则是回报越大的"性能好的金融商品"

图6-3　夏普比率越大，越是优秀的金融商品

评价。因此，分子（回报）越大，夏普比率越大，而分母（风险）越小，夏普比率也越大。

让我们再来好好思考一下这个式子的含义。

首先，以回报减去国债的收益率为基准，是因为国债是任何人都可以入手的最安全的有利息资产。可以认为比其利息率高的部分正是一般金融资产的价值所在。

国债是国家的借入凭证，国家与公司相比破产的可能性显然要小，所以是风险小的金融资产。

其次，将比国债的利息率高的部分除以风险（$S.D.$）是因为，相同回报下风险高的金融商品，会被判定为性能不好的商品。

如果除以风险，风险为2时收益变为一半，风险为3时收益变为三分之一。

也就是说，"回报为30，$S.D.$为3的金融商品，以一个固定的标准差进行换算，有30÷3=10的回报。回报为40，$S.D.$为5的金融商品，以一个固定的标准差进行换算，有40÷5=8的回报。因此前者更加优良"。像这样，可以将不同回报和风险的商品进行统一比较。

让我们通过图6-2来看一下夏普比率有什么意义。

为了简单化，将现在国债的利息率设为4%。那么图6-2的点N则表示国债。此时，金融商品A的夏普比率与"直线NA的斜度"一致。因为（A的回报）-（国债的收益率）表示点A和点N纵方向上的差，（A的风险）表示点A和点N横方向上的差，而夏普比率是（纵方向的差）除以（横方向的差），所以即为直线NA的斜度（图6-2）。

同样，金融商品B、C、D的夏普比率也与直线NA的斜率一致。也就是说，前面说过的"金融商品A、B、C、D优劣不分伯仲"，在这里以"夏普比率一致"来表现。

另一方面，用完全相同的思路（参照图6-4），因为金融商品P的夏普比率是直线NP的斜度，所以与直线NA的斜度比较可知，金融商品P是比金融商品A、B、C、D性能好的商品。相反，金融商品Q与金融商品A、B、C、D相比是性能不好的商品。

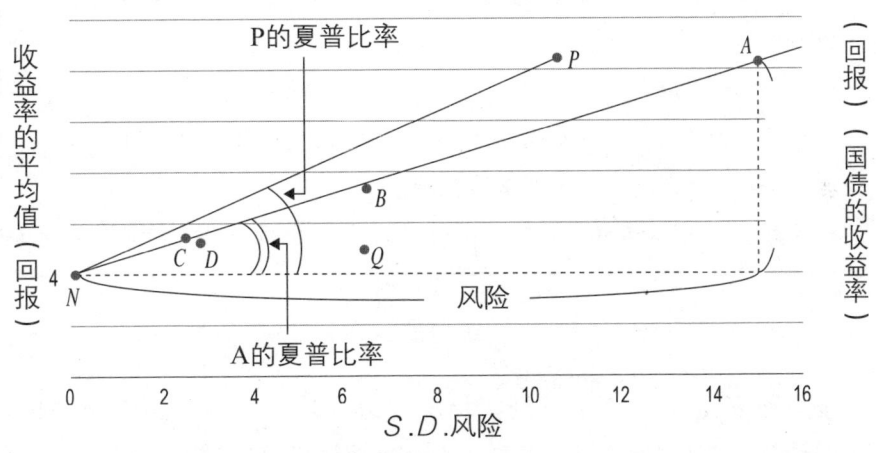

图6-4 投资的世界中S.D.是重要且有效的数值

这样一来，大家就能理解，在资产和资产运用的世界中，S.D.是多么重要且有效的数值了吧。机会难得，让我们引用一下大保险公司运用实绩的夏普比率（引自安达智彦的《投资信托的识别方法》1994年的数据。国债收益率为3.4%）（如表6-2）。

表6-2 大保险公司的运用实绩（1994年）

	日生	第一	住友	明治	朝日	三井	安田
平均	4	4.69	4.62	4.8	5.41	6.49	4.85
标准差（S.D.）	5.48	4.47	5.59	4.28	5.64	4.64	6.43
夏普比率	0.107	0.286	0.216	0.324	0.354	0.663	0.223
顺序	7	4	6	3	2	1	5

总结

①投资基本上是对高风险、高回报的商品,还是低风险、低回报的商品的选择。这种商品的差异,是"性质的差异",并不意味着优劣。

②可以说,在同样的平均收益率之下,S.D.小的是优良的金融商品,而在同样的S.D.之下,平均收益率大的是优良的金融商品。

③就此意义上来说,金融商品优劣性的评价基准是夏普比率(SPM)。

这以

(X的夏普比率)=〔(X的回报)-(国债的收益率)〕
÷(X的风险)

来计算。可以这样认为,夏普比率越大,金融商品就越是优良。

练习题

①运用实绩为平均收益率5%,标准差约为4.5%。假设国债的收益率为3%,夏普比率(SPM)=(   )。(小数点后保留两位)

②假设投资信托的夏普比率为0.5。标准差为5%,国债的收益率为3%,则此投资信托的平均收益率为(   )%。

第7章 生活中最常见的分布、正态分布

7.1 标准正态分布

到现在为止，我已经为大家介绍了几组数据。比如，女大学生的身高数据、股票的月收益率数据等。前面已经说明过，这样的数据组是对衍生出的"不确定性"构造的反映。观测数据衍生出的系统，而得到一律相同的数值的情况是不可能出现的。一般来说，大部分衍生系统都具有"不确定性"的构造，出现的数据是各种各样的数值。

这种"数据是各种各样数值"的存在方式被称为"数据的分布"。而且，作为捕捉数据分布特征和特点的工具，前文中还为大家解说了统计量平均值和标准差（$S.D.$）。

那么这一节，来介绍一下数据分布最有代表性的东西。

这个分布，在自然和社会观测到的数据组中出现得非常频繁，而且这种分布的姿态在数学上也得到了很好的描述，这就是"正态分布"。实际上，人或动物的身长数据就是正态分布的一个例子，而把股票的收益率数据作为正态分布来考虑的研究者也很多。让我们按顺序来看一下。

首先，介绍正态分布中最基础的"标准正态分布"。

标准正态分布的数据组，是由从 $-\infty \sim +\infty$ 所有数值的数据组成的。

但是，这个相对频数因数值而异，有多次出现的数据也有不太出现的数据。各数值的相对频数由图7-1的直方图给出。分组刻度0.1，高度对应相对频数。分组的幅度无限小，图变为更加倾斜的曲线，相对频数以图的面积来表示，其式子是图7-2这个算式。

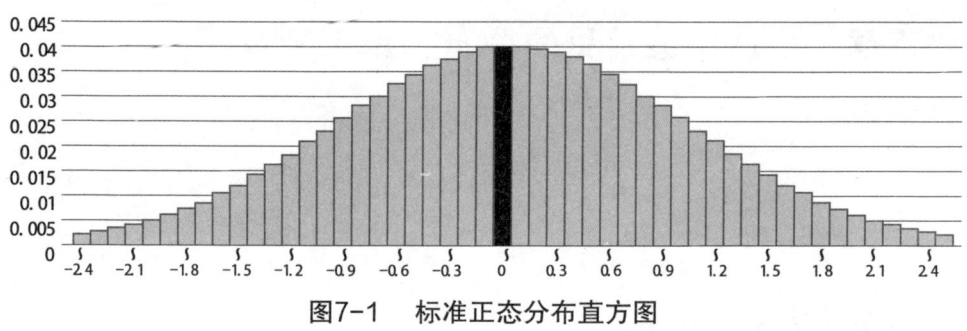

图7-1　标准正态分布直方图

$$f(x) = \frac{1}{\sqrt{2\pi}} e^{-\frac{1}{2}x^2}$$

图7-2　标准正态分布的算式

这里需要向读者解释几个问题。

首先，数据组由无限的数值组成，频数分布表和直方图在现实中是不可能存在的。因为任何一个分组都由无限的数据组成。也就是说，任何一个分组的频数都是无限的。所以上面的直方图，从某个意义上来说是"虚拟"的。

也就是说，是在无视"频数"而以"相对频数"（数据占全体的百分数，参考1.2）来制作柱状图。所以纵轴上的数值是0.***这样的0～1之间的数值。但是，有些读者可能会因"无限个数的相对频数是什么"而烦恼，因此，在观察此图时，读者也必须"自我欺骗"一下。

标准正态分布的数据组，无论正数负数，什么样的数据都有。无须一个个考虑这些数值的"无限细致的精度"。比如，像"0.1～0.2之间的数据占全体的百分之几"，这样，而是希望大家以"有幅度的区间"来粗略看待并理解这个问题。

虽然全体的数据数和这个区间的数据数的确有无限个，但请相信"即使是无限个也可以用比例来思考"。

比如，这里有两个正方形，边长分别是2cm和4cm。两个正方形都是由无限个密密麻麻的点组成的，因此无法比较点的多少。但是，如果计算面积，前者是4cm^2，后者是16cm^2，后者与前者相比点的数量是4倍。这样理解一点也不奇怪吧。

对标准正态分布的各范围的数据也可以这样理解（实际上，对待无限个数据时，可以将其定义为与"面积"相同的量）。也就是说，真正平滑的曲线图与细柱图近似，如图7-1，可以将各柱的高度看作表示其范围内无限个数据的"相对频数"。比如，"0.1~0.2之间数据的相对频数"从图7-1直方图可以看出约为0.04。

由于有的读者无法忍受这种大概的说明，所以在此进行一下解释。能彻底清晰地讲解以上内容的数学手法（利用将对面积的讨论一般化的测度论）的确存在，但却很难懂，为了理解它需要花费很多时间刻苦地学习。要成为真正的统计学家是不能绕路而行的，但一般读者无须花费这样的精力去强求理解。对于那些不管怎么说还是对这一点很在意的人，我建议他们在读完本书后，挑战一下更有深度的教科书。

让我们回到标准正态分布，再重新看一下图7-1的直方图。能看出有特征的山形，这种形状叫作"挂钟形"或"盔形"。

其中，重要的是，数据在0的附近集中（直方图凸起），+2以上-2以下数据数急剧减少（直方图的高度急剧降低）这一点。这些从平均值和标准差（$S.D.$）中都可以得到印证，具体如下所述。

标准正态分布的性质1

平均值=0 $S.D.$=1

平均值为0，可以理解为图以0为中心左右对称。这个分布被叫作"标准"正态分布，应该是从"平均值为0""$S.D.$为1"这样的基准数值而得来的。

在其他的一般分布中，当然也有无数的"平均值为0""$S.D.$为1"。但是，标准正态分布的情况，因为表示分布的式子（图7-2）十分清晰，所以就像图7-1一样，无论指定什么区间都能明确所属数据的相对频数。我们可以从"正态分布表"中读取出这一点,但这里只介绍其中一些非常有用的内容。

标准正态分布的性质2

(+1)~(-1)范围的数据(距平均值1个S.D.范围以内的数据)的相对频数为0.6826(70%弱)。

(+2)~(-2)范围的数据(距平均值2个S.D.范围以内的数据)的相对频数为0.9544(95%强)。

这些相对频数,在今后利用正态分布时是最重要的,所以值得好好记住。

如图7-3,标准正态分布的性质2中的两点在直方图上看就是这样的。也就是说,+1和-1之间柱状图的高度的合计,约占柱状图全体的68%。

而更重要的是第二点性质所表示的"标准正态分布中,大部分数据落在2个S.D.范围内",这是判断数据时的标准。

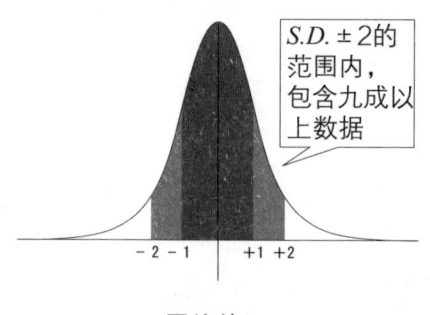

图7-3 标准正态分布中,大部分数据落在2个S.D.范围内

7.2 一般正态分布的观察方法

一般的正态分布的数据组,可以简单地通过将标准正态分布全部的数据乘以定值,再加上定值的方法得到。乘以的定值写作σ(希腊文字,读作西格玛),加上的定值写作μ(希腊文字,读作缪),可以通过下面的计算得到。

（一般的正态分布数据）=σ（标准正态分布数据）+μ

像这样进行数据加工时，直方图、平均值和标准差会如何变化，通过第4章总结④的公式马上可以明白。

标准正态分布的平均值为0，S.D.为1，所以其全部数据乘以σ，得出数据的平均值（0×σ）还是为0，S.D.（1×σ）为σ。再将全部数据加上μ，得出数据的平均值（0+μ）为μ，S.D.还是为σ。总结得知如下内容。

一般正态分布的性质1

关于σ×（标准正态分布的数据）+μ所得的数据，

平均值=μ　S.D.=σ

这里我们设定σ=3，μ=4来具体地看一下。在标准正态分布的数据中，如刚才说明过的，"+1和-1之间的数据的相对频数约为68%"。以直方图来说，这意味着吊钟形图的+1和-1之间的柱状图"占全体的68%"。

因此，将这个标准正态分布数据乘以3，"+3和-3之间数据的相对频数约为68%"，再加上4，"+7和+1之间数据的相对频数约为68%"。

这样考虑一下，就明白了直方图左右扩大3倍并向右方移动了4（参照图7-4）。

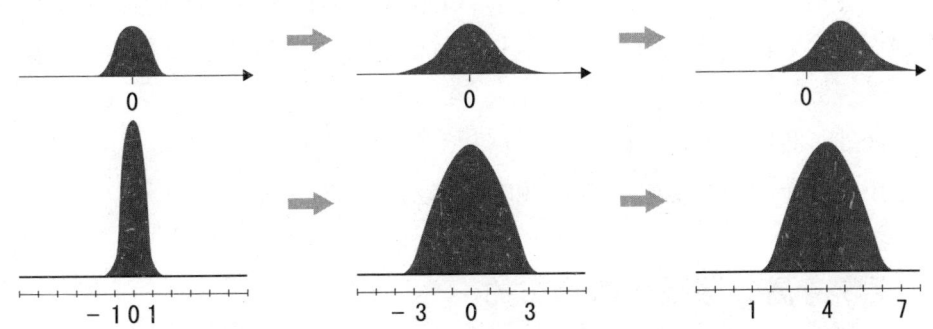

图7-4　从标准正态分布到一般正态分布

这是为4.2中的解说提供根据的地方。

理解了以上内容，就能马上明白上面解说过的"标准正态分布的性质"，可以置换为"一般正态分布的性质是σ倍再加μ"。

一般正态分布的性质2

（$\mu+1\times\sigma$）~（$\mu-1\times\sigma$）范围的数据（距平均值1个S.D.以内范围的数据）的相对频数为0.6826（70%弱）。

（$\mu+2\sigma$）~（$\mu-2\sigma$）范围的数据（距平均值2个S.D.以内范围的数据）的相对频数为0.9544（95%强）。

那么再翻看一下前面的内容，可以将一般正态分布反过来加工成标准正态分布的数据，如下所述。

将一般正态分布变为标准正态分布的公式

数据X是平均值为μ，S.D.为σ的一般正态分布的数据时，以

$$z=(x-\mu)\div\sigma$$

进行加工，数据z即标准正态分布的数据。

必须认清这不仅是一个方便的公式，还是目前解说过的"对数据的思路"的整合（第4章4-4解说过相同内容，请重读一下）。

也就是说，$z=(x-\mu)\div\sigma$意味着［（数据）－（平均值）］÷（标准差）的计算，所以z是评价"距平均值几个S.D."的数值。到现在为止，本书已多次强调这个思路的重要性，但这里仍要确认它在"一般正态分布"中有重大的数学意义。

此外，我们还可以明白下面这个非常重要的事实。

正态分布的种类是由平均值μ和标准差σ决定的。

7.3 身高数据是正态分布的

这一章的开始曾提到，身高是正态分布的一种。我们可以应用上一节中讲过的公式来确认一下这是否为真的。

首先，我们再拿出第1章中使用过的80位女大学生身高数据的频数分

布表（参照表7-1）。

表7-1　80位女大学生身高的"频数分布表"

分组	组值	频数	相对频数	累计频数
141～145	143	1	0.0125	1
146～150	148	6	0.075	7
151～155	153	19	0.2375	26
156～160	158	30	0.375	56
161～165	163	18	0.225	74
166～170	168	6	0.075	80

根据此频数分布表计算出平均值为157.75cm，$S.D.$为5.4。

将对5个分散数字进行集中的分组，改成140~145、145~150、150~15……这样没有间隙的，并减去平均值，除以$S.D.$（z）。这样可得出与标准正态分布数据相对应的数据。使用表格计算软件可求得"标准正态分布的相对频数"，如图7-5。

以标准正态分布重新进行分组的值(z)		实际的相对频数	看作正态分布时的相对频数
−3.287	～ −2.361	0.0125	0.0086
−2.361	～ −1.435	0.075	0.0665
−1.435	～ −0.509	0.2375	0.2297
−0.509	～ 0.417	0.375	0.3563
0.417	～ 1.343	0.225	0.2488
1.343	～ 2.269	0.075	0.0781

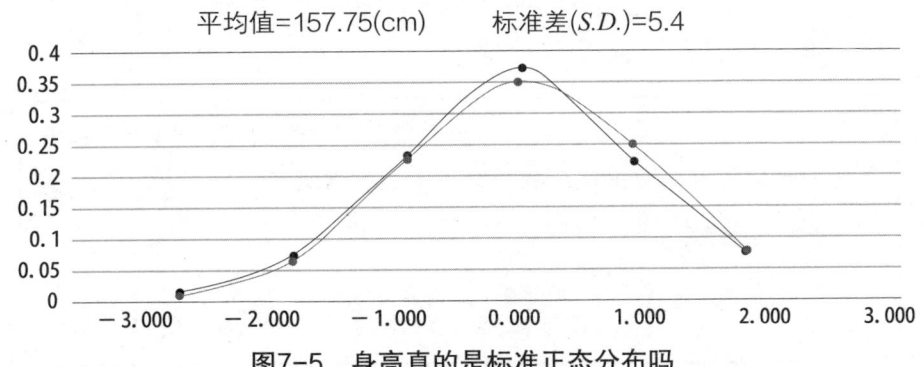

图7-5　身高真的是标准正态分布吗

比较一下实际的相对频数和作为标准正态分布时的相对频数，能看出精度相当一致。

其他也有与正态分布相近的分布。这就是投掷 N 枚硬币，所得为正面的数据，它的分布也是这样的（详情参照本章末尾的"补充"）。

请具体看一下图7-6。这实际上是画在一起的投掷硬币的图和某个一般正态分布的图，可以说它们完全没有差别的重合了。

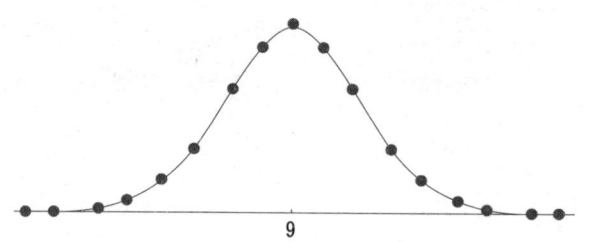

图7-6 投掷18枚硬币出现k枚正面的相对频数（通过数学计算）

关于掷硬币，可得如下法则。

掷硬币与正态分布近似

同时投掷N枚硬币（或者连续投掷N次），记录其中几枚是正面的数据。将此操作巨大化实行，做出正面枚数X出现的相对频数的直方图，它近似于平均值为$\frac{N}{2}$、S.D.为$\frac{\sqrt{N}}{2}$的正态分布。

总结

①正态分布是自然界和人类社会中最常见的分布。比如，在身高数据和掷硬币正面出现枚数的数据中就很常见。

②标准正态分布，平均值=0、S.D.=1。

③关于标准正态分布，

（+1）~（-1）范围的数据（距平均值1个S.D.范围以内的数

据）的相对频数为0.6826（70%弱）。

（+2）~（-2）范围的数据（距平均值2个S.D.范围以内的数据）的相对频数为0.9544（95%强）。

④一般正态分布的数据，由σ×（标准正态分布的数据）+μ可得，平均值=μ、S.D.=σ。

⑤平均值为μ、S.D.为σ的正态分布回到标准正态分布的算式为
$z=(x-μ)÷σ$

⑥关于平均值为μ、S.D.为σ的正态分布，
（μ+1×σ）~（μ-1×σ）范围的数据（距平均值1个S.D.以内范围的数据）的相对频数为0.6826（70%弱）。

（μ+2σ）~（μ-2σ）范围的数据（距平均值2个S.D.以内范围的数据）的相对频数为0.9544（95%强）。

- - - - - - - - - - - - - - - •练习题• - - - - - - - - - - - - - -

①在从前那种满分为1000分的"中心考试"中，中心考试成绩为1000分满分，平均分约为600分、S.D.约为100分的正态分布。

此时，95.44%的数据范围为

（　　）-（　　）×2 ~（　　）+（　　）×2

所以是（　　）~（　　）的范围。

②同时投掷100枚硬币时，合计正面出现的枚数，平均值为50枚、S.D.为5枚的正态分布。

此时，95.44%的数据范围为

（　　）-（　　）×2 ~（　　）+（　　）×2

所以是（　　）~（　　）的范围。

【补充】世界上的正态分布数不胜数

第7章中说明了最常见的分布是正态分布。这是什么情况呢？

早在大约17世纪，数学家们就开始以"概率"这一思路来解释不确定现象。通过这些数学研究可以弄清，"固定1个数值不确定出现的现象，集中n次出现的数值进行平均取得数据。反复进行此操作，制作（n次平均）数据的直方图，可以看出无论原来是什么样的不确定现象，都会随着n的增大，与一定的图接近"。这个"一定的图"正是"正态分布"。

作为历史事例，第7章中以直方图的形式提到的"硬币投掷"在相当早的时候就被解析过。

将投掷硬币得到正面作为1分，得到反面作为0分，进行n次。所得分数除以n取平均值。将数据记录看作与"一起投掷n枚硬币将出现正面的枚数除以n"同样的数据。以此数据的相对频数制作直方图，但不是进行实际的行动而是以数学的概率计算得出相对频数。图7-6的直方图就是一例。

数学家们证明了，在通过数学概率做出的硬币投掷直方图中，在n充分大时，接近正态分布。

之后在数学家们的努力下，明确了在除硬币投掷以外各种各样的现象中，不确定现象是以同样的事实成立的。20世纪初，数学家柯尔莫哥洛夫已经证明了这一法则的普遍性，这叫作"中心极限定理"。

我们可以想象，实际观测的不确定现象，比如动物身长现象、股票价格的现象，是由很多单一的不确定现象复合而成的。因此即使将它们解释为"在中心极限定理的作用下表现为正态分布"也没有问题。

第8章 推论统计的出发点，使用正态分布进行"预测"

8.1 使用正态分布的知识，可以进行"预测"

第7章及其Column部分中解说了"我们日常观测的数据中有很多都呈正态分布"。这会让人产生一种预感，"如果把我们关注的不确定现象看作正态分布，那么，利用正态分布的性质进行预测就将成为可能"。

这种预感是完全正确的。而且，这就是以"推论统计"为出发点作出的构想。

首先，考虑一下我们关注的不确定现象是"标准正态分布"的情况，我们来"预测"一下会由此产生的数据。根据我们所掌握的知识，"虽然不能明白接下来会产生什么数据，但是知道其相对频数是呈标准正态分布的"。此时，我们能预测出什么数值呢？为了思考这个，让我们再看一下标准正态分布的直方图（如图8-1）。

要想让预测结果正确，说"出现的可能性大的"数值自然是正确的方法。直方图柱形的高度表示数据出现的相对频数。我们可以将其看成出现的可能性的程度。看一下图8-1就能明白，柱形的高度，高的地方"接近0"。因此，可以说预测"接近0"是"容易猜中的"好办法。

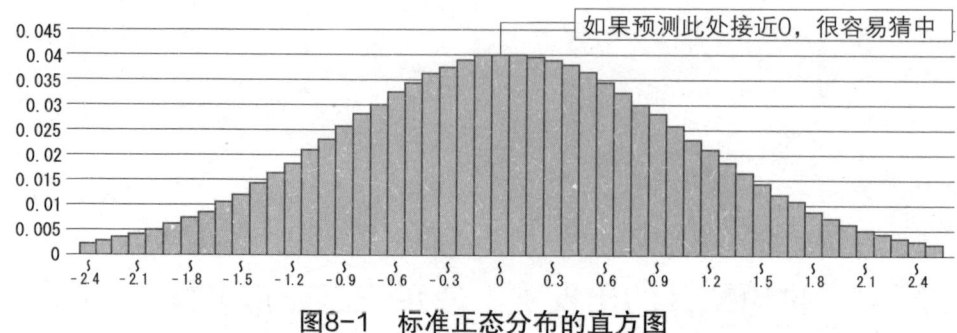

图8-1 标准正态分布的直方图

虽然这么说,但预测"1个数字"猜不中也是很正常的。因为就像前面解说过的,在标准正态分布中什么数值都有可能作为数据出现,猜中的概率是"无限分之一"=0。因此预测时应该有"0以上0以下数值"的幅度。

那么如果预测的是"0以上0.1以下的数值"会怎么样呢?

看直方图可以明白,这个区间数据的相对频数约为0.04。也就是说,标准正态分布的数据约有4%是在这个区间里的数值。所以如果预测"0以上0.1以下的数值",可以说猜中的概率是4%。但是这种"预测"的精度太低了,几乎不会猜中。

那么,要想将"预测"的精度提高到令人满意的程度,用哪个区间好呢?

此时,第7章解说过的"标准正态分布的性质2"会发挥作用。据此,"-1~+1范围内数据的相对频数约为68.26%"。也就是说,如果预测区间是"-1以上+1以下的数值",那么约有68.26%的概率猜中。这应该说是精度相当高的预测了。

8.2 标准正态分布的95%预测命中区间

在上文中我们了解到,观测标准正态分布数据组中的一个数值之前,要预测这个数值,如果以"0以上0.1以下的数值"为范围命中概率约为4%,如果以"-1以上+1以下的数值"为范围命中概率约为68.26%。那么我们应该以什么程度的"命中概率"为目标,来预测哪个区间好呢?

首先，观察直方图可知，如果想加大命中概率，就要扩大区间范围。如果决定将预测范围扩大为"−∞以上+∞以下的数值"，这（包含了直方图全体）的确是100%命中，但这样的预测太过理所应当，是荒谬且毫无意义的。

因此，必须在有限的范围内进行预测。这样一来，因为要舍掉直方图的一部分，就要做好预测有以概率的百分之几落空的思想准备。问题是，什么程度的落空是被允许的。这个"命中概率"一般会按照使用统计的人的情况来相应地设定。

通用的是"95%命中"或"99%命中"的范围。本书选取了世界上最常用的"95%命中"为例子。选择"95%命中"的范围，反过来看，是要有"5%预测落空"的思想准备。

人们对于发生概率在5%以下的现象（比如投掷硬币连续5次出现反面），会持有"少见""不寻常""发生了奇怪的事情"等印象。也就是说，对发生概率5%的偶然事件，即使预测落空，也可以用"这种事太少见、太奇怪了，所以没有办法预料"来说服自己。

第7章中，解说了"−2以上+2以下的数值"的相对频数约为95.44%这一法则。虽然进行预测时也可以使用95.44%这个范围，但在统计学中，因为想要尽量取正好为95%的命中概率，所以为了舍去多余的0.44，就将区间缩小若干，将"−1.96以上+1.96以下"的范围约定为预测区间（虽然这也不能真正符合95%，但按照统计学惯例不加"约"而直接使用1.96）。以上作为一项法则先记录在此。

标准正态分布的95%预测命中区间

标准正态分布的95%预测命中区间为−1.96以上+1.96以下。

关于"95%预测命中区间"，我们要怎样理解才好呢？首先，可以评价说它"看上去真是一项大胆的预测"。因为在标准正态分布中，就原理上来讲从−∞~+∞什么数都有可能出现，所以只预测"−1.96以上+1.96以下"的一点点区间看上去是十分大胆的。

也许对于将科学法则理解为"绝对事实"的人来说，这是很让人迷惑的。可以说，统计学的方法论与目前的科学法则（比如"地球上的物体被释放时会向地面下落"这样的东西）的形式稍有不同。这就意味着要"从一开始就放弃100%命中"。95%预测命中区间的思路，可理解为是允许5%落空这样"差不多"的情况，这使得对相当狭小的区间的预测成为可能。

在这里，慎重的读者一定会有，"除'-1.96以上+1.96以下'这一区间以外，不是还有很多相对频数95%的区间吗"这样的疑问。没错，就是这样的。比如，稍微偏移一下"-2.1以上+1.86以下"的相对频数也是95%。但是，如果是直觉比较敏锐的读者就会发现，这样的话会降低预测精度。

因为"-1.96以上+1.96以下"区间的长度是3.92，"-2.1以上+1.86以下"区间的长度是3.96，比较起来后者是要预测更"长的范围"。而从预测精度考虑，应该是预测区间越短越好（参照图8-2）。实际上，如果要对此预测作什么准备，那么，预测的范围越窄所作的准备就可以越准确、越高效。因为直方图是左右对称的，考虑到离对称轴越近频数越高，要想选出在相同预测命中概率的区间中最短的区间，能感觉到应该选择"左右对称的区间"。

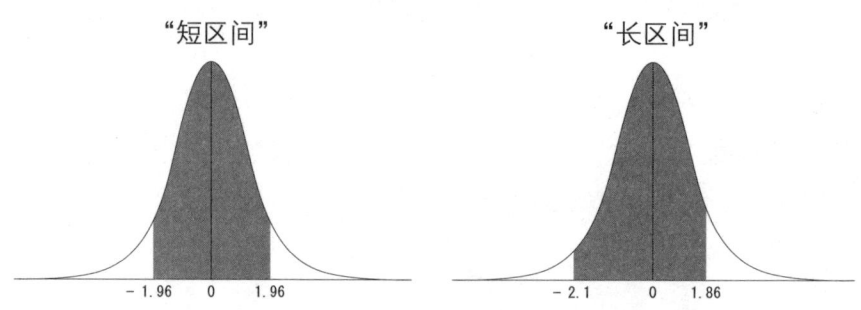

图8-2　预测区间越短越好

8.3 一般正态分布的95%预测命中区间

对于数据在一般的正态分布的情况下，"能预测命中95%的观测数据"的方法。这里如果能想起一般正态分布和标准正态分布是什么关系的话，就很简单了。

第7章已经解说过,一般的正态分布的数据,像

(一般的正态分布的数据)=σ×(标准正态分布的数据)+μ

一样,是由标准正态分布的数据乘以定值σ再加上定值μ而得,而且平均值为μ,S.D.为σ。因此,95%预测命中区间也由标准正态分布"−1.96以上+1.96以下"的两端乘以σ,再加上μ可得。即

一般正态分布的95%预测命中区间

平均值为μ,S.D.为σ的正态分布的95%预测命中区间是(μ−1.96σ)以上(μ+1.96σ)以下。这是将标准正态分布加工为一般正态分布公式而得出的结果,而相反,也有将一般正态分布加工为标准正态分布的公式,如下所示。

将一般正态分布转换为标准正态分布的公式

数据x是平均值为μ、S.D.为σ的一般正态分布的数据时,

以$z = (x-\mu) \div \sigma$

进行加工,数据 z 成为标准正态分布的数据。

让我们运用这个来表现出95%预测命中区间。

一般正态分布的95%预测命中区间:不等式表示

数据x是平均值为μ、S.D.为σ的正态分布时,95%预测命中区间为解不等式

$$-1.96 \leq \frac{x-\mu}{\sigma} \leq +1.96$$

所得的范围。

概括来说,以"距平均值几个S.D."这一单位来看时,"预测±1.96个偏差以内的范围比较好"。这可以说是已经解说过多次的关于S.D.的思路的正当化法则。

第7章中说过,"投掷N枚硬币出现正面的枚数"近似于"平均值为$\frac{N}{2}$、

$S.D.$为$\frac{\sqrt{N}}{2}$的一般正态分布"。比如，反复多次观测"同时投掷100枚硬币出现正面的枚数"，制作出的相对频数的直方图，可见与"平均值为$\frac{100}{2}$=50、$S.D.$为$\frac{\sqrt{100}}{2}$=5的一般正态分布"的直方图几乎完全一样。

那么，假设你现在同时投掷100枚硬币，预测出现正面的枚数，计算出它"95%预测命中"的范围。

根据刚才介绍的法则，预测"（$\mu-1.96\sigma$）以上（$\mu+1.96\sigma$）以下"就可以，因此代入μ=50、σ=5可得，

"（50-1.96×5）以上（50+1.96×5）以下"="40.2以上59.8以下"是95%预测命中范围。这就是说，预测"40枚到60枚正面"的话，大概会猜中。

这里所说的"大概"，是指预测（足够多的）M次，其中5%的次数（M×0.05次）会落空。或者说M人进行预测，其中5%的人（M×0.05人）的预测会落空的意思。

最后，试用"不等式表示"进行相同计算。不等式

$$-1.96 \leq \frac{x-\mu}{\sigma} \leq +1.96$$

将μ为50、σ为5代入得

$$-1.96 \leq \frac{x-50}{5} \leq +1.96$$

3边乘以5倍为

$$-1.96 \times 5 \leq \frac{x-50}{5} \times 5 \leq +1.96 \times 5$$

$$-9.8 \leq x-50 \leq +9.8$$

3边加上50为

$$-9.8+50 \leq x-50+50 \leq +9.8+50$$

$$40.5 \leq x \leq 59.8$$

可以确认这与刚才的计算结果（40枚到60枚为正面）相同。

总结

① 标准正态分布的95%预测命中区间是-1.96以上+1.96以下。

② 平均值为μ、S.D.为σ的正态分布95%预测命中区间是($\mu-1.96\sigma$)以上($\mu+1.96\sigma$)以下。

③ 数据X是平均值为μ、S.D.为σ的一般正态分布数据时,计算$z=(x-\mu)\div\sigma$,数据z为标准正态分布的数据。

④ 数据X是平均值为μ、S.D.为σ的正态分布时,95%预测命中区间为解不等式$-1.96\leq\dfrac{x-\mu}{\sigma}\leq+1.96$所得的范围。

练习题

已知亚洲某国成年女性身高平均值约为160cm,是S.D.约为10cm的正态分布。此时,想预测你明天要见的女性的身高,为了95%能猜中,预测哪个范围好呢?

解不等式

$$-1.96\leq\dfrac{x-(\quad)}{(\quad)}\leq+1.96$$

可得应该预测(　　)cm以上(　　)cm以下。

Column

占卜师一语中的技能

笔者以前看过一个电影,电影中有人对第一次见面的女性说"你眼神黯淡,一定有什么烦恼吧",以这样的方式取得信任进而接近。然而,故事中段主人公揭穿了这个花招:"大部分女性都有烦恼,所以这样说一定会得到认同。"

笔者听说,很多占卜师都有此心得。来找占卜师的人差不多都有烦恼,所以"你一定有烦恼吧"这样的话是一定会说中的。而且,根据服装、饰品和手的动作等可以看出此人的经济状况,所以经验丰富的占卜师在对方看来真是能够100%说中的预测家。

本章说明了,在统计学中,只有在$-\infty \sim +\infty$的"全范围"中,才能得出以100%的概率预测标准正态分布的数据,而这是毫无意义的,所以我们才会选取锁定冒着5%落空风险的$-1.96 \sim +1.96$的范围。占卜师的情况又是什么样的呢?

占卜师对应的客人是人,所以在预测不准的时候,可以左右推托转换话题,进行各种试探。因此对于占卜师来说,重要的不是"怎样真正地准确预测",而是"怎样让客人相信自己的'预测很准'"。

第9章 从一个数据推出母群体
——假设检验的思维方法

9.1 所谓推论统计即从部分推出整体

经过第8章的讲解，准备已基本就绪，那么就让我们来进行"推论统计"的解说。本书会以最快的速度达到这个目标。

我们在看某个数据的时候，会自然而然地想到它的背后还有更庞大的数据，而现在我们"观测到的只是其中1个数据"。比如，当我们看到体长10cm左右的扬羽蝶时，会很自然地认为我们"观测到的是各种体长的扬羽蝶中的1只"。

也就是说，我们日常的理解都是从仅仅观测庞大数据组中的少数几个数据为出发点的。

理解了这个，下一步就会思考"不能从现实观测到的几个数据出发，对其背后庞大的全体数据作什么推测吗？"这种"从部分推测出全体"可以说是统计学的妙趣所在（参照本章的Column部分）。

那个藏在少数几个数据背后的庞大的全部数据，在统计学中被称为"母群体"。也就是说，推论统计的工作，是"关于从观测来的数据到母群体的推理"和总结（参照图9-1）。

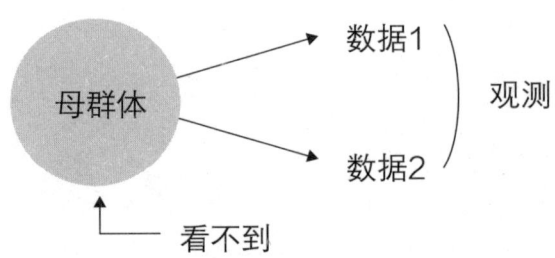

图9-1　从观测来的数据推理母群体

最典型的例子是"选举的出口调查"。出口调查是选举时在投票处前由大众传媒等人对投票者进行的"投了谁的票""投了哪个党派的票"的调查。报社和电视台等利用其结果进行选举结果预测。读者们大概也曾对选举开票时，仅在开票率百分之几的阶段就得出结果感到不可思议吧。这正是推论统计技术的结晶。

选举时的母群体是投票者全部的投票结果，观测的数据是"出口调查得到的投票结果"，这与母群体的全投票者数相比只不过是极微小的部分。选举是"在几小时间搞清全部数据"这个意义上，对统计学来说非常重要的事例研究。大家应该知道，除了极少数例外，根据出口调查所作的预测与选举的实际结果都是高度一致的。

其实好好想一想，在选举这件事上，明确母群体只是时间早晚的问题，所以可以说并不需要什么推论统计——这也许只是大众传媒的"选举表演"。但对选举以外大部分的不确定现象来说，想全部观测背后的母群体几乎是不可能的。因此，可以说，从可观测的数据来获得关于母群体的知识，对我们的生活非常重要。

9.2 推测差不多可行的母群体

那么让我们从根本思路上对推论统计的代表"检验"进行解说。
作为例子请看下述问题。

例题1（从房产销售公司员工的立场来思考）

报纸上刊登了某新建住宅销售信息的广告。接着，有10位希望参观住宅者通过电话进行了询问。从经验可知，一般情况下，希望参观住宅者会事先打电话询问的概率为二分之一。

那么请判断下面关于这次住宅参观者人数的猜想是否妥当。

①16人，②36人。

这样的问题，在日常生活中多少会遇到。如果你站在公司员工的立场，就能明白事前推测出参观住宅者人数是十分重要的工作了。因为这对于配置多少解说人员，准备多少拖鞋、茶水等各种各样的事情都是有用的。

实际上，将这个问题换成下面的设定也不会改变意义。

例题2（硬币版本）

进行N枚硬币的投掷实验，只知道出现了10枚正面这一结果。请判断对于投掷枚数N的如下猜想是否妥当。

①16枚，②36枚。

实际上，将硬币枚数→希望参观者人数；正面枚数→打过电话的人数；正面出现的概率→希望参观住宅者事前打电话的概率这三个内容进行置换，就可以明白这完全是相同的问题了。而这种置换，使得在"统计学中"捕捉问题的本质变得更加容易。

首先，母群体是"（无限次数）投掷N枚硬币出现正面枚数的数据"。请大家在脑海中想象出无数0、1、2、…、N的数字在水池中的场景（不管是哪一个数字，都有无数个同样的"它"在游泳，但其"多少"有所不同）。

"其中的1个数据10被实际观测到的时候，我们怎么猜想N是妥当的呢？"

这是个问题。

想要推测出的N，叫作母群体的"总体参数（参数）"。

这里，请将总体参数理解为是与"设想的母群体的种类"相对应的。

如果$N=16$，就是投掷16枚硬币出现正面枚数的数据集合的母群体，如果

$N=36$,就是投掷36枚硬币出现正面枚数的数据集合的母群体。这样就将不同种类的母群体固定为1个。

也就是说,总体参数是"将母群体定为1个","实际上不知道是几而是推测对象"的数值。问题是,如何妥当推测总体参数N(参照图9-2)。

图9-2　如何推测总体参数N

首先,作为非常妥当的推测,"$N=20$"浮出水面。因为硬币出现正面的概率是二分之一,考虑投掷枚数大约一半为正面,正面为10枚,可以推测投掷数应该为它的2倍20枚。

但是,如果说考虑"大约"一半为正面的话,那么稍微偏离一半的"$N=21$""$N=19$"也可以说是妥当的。

那么,从20偏离多少是妥当的,$N=16$怎样,$N=36$怎样呢?这是重点。

9.3 判断95%预测命中区间是否妥当

在统计学中,思考"总体参数N的妥当数值在什么程度被容许"时,要运用第8章解说过的"95%预测命中区间"的思路。

首先,思考入选候补的$N=16$是否"可行"。就是说,假设"$N=16$",讨论一下这个假说是妥当的还是应该舍弃的。

那么,让我们看一下假设"$N=16$",也就是投掷硬币的枚数为16,观测到"正面枚数为10"是否合理。为了进行此判断,要这样思考:

"预测投掷16枚硬币出现正面的枚数,10枚是否在其预测范围内"。

在$N=16$的情况下,预测正面枚数时的"95%预测命中区间"。此时,正面枚数的数据近似于平均值 $\mu=\dfrac{16}{2}=8$、$S.D.=\sqrt{\dfrac{16}{2}}=2$ 的正态分布,所以 "95%预测命中区间"的不等式表示为(根据第8章的总结④):

$$-1.96 \leqslant \dfrac{x-8}{2} \leqslant +1.96$$

解得:

$$8-1.96 \times 2 \leqslant x \leqslant 8+1.96 \times 2$$

$$4.08 \leqslant x \leqslant 11.92$$

〔当然,用第8章的总结②中"($\mu-1.96\sigma$)以上($\mu+1.96\sigma$)以下"的公式求解也一样〕

就是说,应该预测正面枚数为"4.08以上11.92以下"。

观测到的正面枚数为10,在上面这个范围内。它的意义是:假设我们已知母群体的总体参数N=16,要预测正面出现的枚数,10在这个预测的射程内。

因此,投掷16枚硬币(N=16是总体参数)时,观测到正面枚数为10是在猜想范围内的,没有什么好奇怪的。所以"N=16"这一假设因其有妥当的可能性,要保留而不能被舍弃。

同样,讨论一下假设"N=36"的情况。

N=36时正面出现的枚数近似于

平均值 $\mu=\dfrac{36}{2}=18$、$S.D.=\sqrt{\dfrac{36}{2}}=3$ 的正态分布。

因此,"95%预测命中区间"为:

$$-1.96 \leqslant \dfrac{x-18}{3} \leqslant +1.96$$

解得:

$$18-1.96 \times 3 \leqslant x \leqslant 18+1.96 \times 3$$

$$12.12 \leqslant x \leqslant 23.88$$

这次,预测范围在"12.12以上23.88以内",实际观测到的10这个数字不在其中。如果母群体的总体参数N=36,"我们实际观测到的数据10是不能预测的猜想外的数值"。

此时,我们可以有两种思路。

思路1 对于母群体的假设是正确的,发生了考虑到的风险(只有5%概率会发生的稀有的事情)。

思路2 对于母群体的假设不正确。

上述两个都可以采用的思路中,一般统计学上选择思路2。

最初预测命中范围的时候,就领会并有了对于风险的思想准备,所以这里也是使用一贯的态度。就是说,此时假设"N=36"是不妥当的应该舍弃。

这在统计学的术语中,叫作"舍弃假设"。

以上内容使问题得到了解答,即N=16是妥当的假设被采用(不舍弃),而假设N=36被舍弃(参照图9-3)。

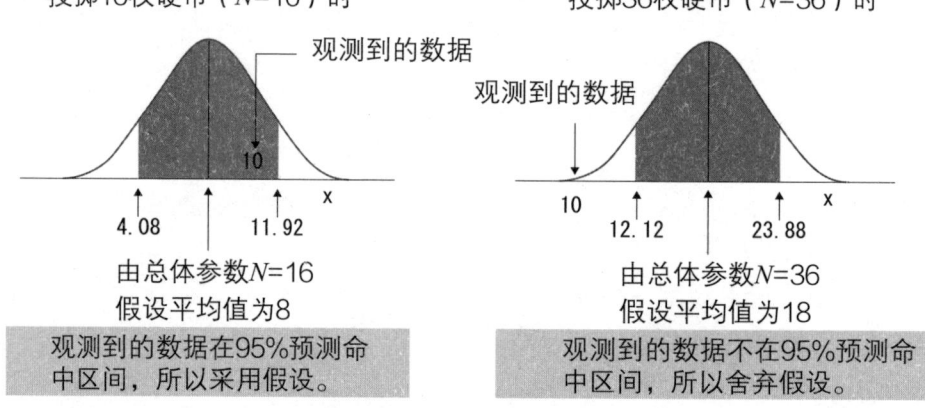

图9-3 从95%预测命中区间来验证假说是否妥当

以下是上面两道例题的答案。

例题1 住宅销售公司问题的答案:可推测为16人,不可推测为36人。

例题2 硬币枚数问题的答案:可推测为16枚,不可推测为36枚。

以上只是大略地解说了统计学中叫作"假设检验"的方法论中最初的部分。但是,如果只是单纯运用假设检验的话,只了解个大概也足够了。

总结

假设检验的思路

有关正态分布（或者近似正态分布）的母群体的总体参数为某数值的假设检验，可这样进行：

其总体参数的母群体是正态分布，平均值为μ，S.D.为σ时，如果观测到的数据x的不等式

$$-1.96 \leqslant \frac{x-\mu}{\sigma} \leqslant +1.96$$

成立，假设不被舍弃（接受）。

不成立，假设被舍弃。

• 练习题 •

这次，投掷N枚硬币，正面出现57枚时，通过计算回答，假设$N=100$枚是否要舍弃？

投掷N枚硬币时，

数据近似于平均值为$\frac{N}{2}$、S.D.为$\frac{\sqrt{N}}{2}$的正态分布，

所以假设$N=100$，正面的枚数近似于

平均值（　　）÷2=（　　）枚

S.D.（　　）÷2=（　　）枚

的正态分布。

因此，求得正面的枚数X的95%预测命中区间

$$-1.96 \leqslant \frac{x-(\quad)}{(\quad)} \leqslant +1.96.$$

（　　）$\leqslant x-($　　$) \leqslant ($　　$)$

（　　）$\leqslant x \leqslant ($　　$)$

$x=57$（在、不在）此范围，所以$N=100$的可能性（被舍弃、不被舍弃）。

Column

划时代的统计检验及其限度

推论统计是20世纪开始确立的技术，可以说它是人类期待已久的一种方法论。因为它是"由部分事实推论全体"的"归纳推论"。

将人们的推论方法归类，大致可分为"演绎法"和"归纳法"两种。演绎法是"由全体推论部分"，例如"所有的人肯定会死，所以自己也会死"这样的推论。如果"所有"成立，那么"个别"也成立。这是十分合理的推论。它有一个限度，就是没有什么值得怀疑的，但也不会导出什么令人吃惊的结论。

与此对应的归纳法，是"到昨天为止几千年太阳都持续升起，因此明天太阳也会升起"这样的"由部分到全体"的推论。这种归纳法，是我们日常生活中常见的推论，虽然十分自然但不能说"绝对正确"，错误的时候也很多。

在20世纪之前，数理科学中的推论一直以演绎法为中心。到了20世纪，统计学作为"数理科学"成功构筑了归纳推论。这可以被看作是一件具有划时代意义的事件。

本章解说的"检验"的思路，是使用"个别的部分的数据"对"母群体这个整体"进行推论，所以有5%错误的可能性，可称为归纳的方法。

但使用这种统计检验时，需要时刻意识到的一点是，其结论只能被评价为"消极的"。

重读本章的解说就会注意到，检验的结论在"舍弃"时有所强调，而"接受"时只是单纯说"不舍弃"。

也就是说，要明白统计推论（根据使用方法不同）只能使用强烈的"否定"，而使用"肯定"却不妥当。

用本章硬币枚数的例子来说明，就是舍弃$N=36$这一可能性时，（如果假设正确，就意味着发生了5%以下概率的异常事件）可以强调"首先没有"。但采用$N=16$时，只得出"没有可以舍弃其可能性的积极的资料"这种程度的缓和的结论。

对人类来说，如果能够好好理解这种限度，统计推论就是全新的、非常有效的推论方法。

第10章 以测定温度为例,探寻95%置信区间
——区间估计

10.1 反过来利用预测命中区间的估计

第9章中,解说了利用95%预测命中区间评价关于母群体(总体参数)妥当性的"检验"这一方法。一言以蔽之,就是计算"在假设的基础上以'95%预测命中区间'来预测母群体中的数据,现实观测的数据是否在预测中"。如不在预测中则舍弃假设(舍弃),如在就将假设作为可能性保留。

如果将这种假设的评价法,针对全部的总体参数各个实行,就能确定"不能舍弃的作为可能性保留的总体参数的集合",并顺理成章地将此总体参数的集合作为"可能的母群体的总体参数的估计区间"。

这种"可能的总体参数应该进入的区间"叫作"95%置信区间",以这样的区间来估计总体参数叫作"区间估计"。

这样讲很抽象,所以使用上一章中估计硬币枚数N的例子来进行具体地说明。

下面将第9章的问题换成区间估计的问题。

例题1（硬币版本2）

进行投掷N枚硬币的实验，已知出现10枚正面的结果。思考投掷枚数N，是从几枚到几枚？

第9章中，搞清楚了"16枚在此范围内，36枚不在"。其方法（假设检验）如下：

关于硬币枚数的假设检验

关于总体参数N，将投掷N枚硬币出现正面枚数的数据作为母群体，为正态分布，其平均值为：

$$\mu = \frac{N}{2}$$

S.D.为 $\sigma = \frac{\sqrt{N}}{2}$。

此时，根据 $z = \frac{10 - \mu}{\sigma}$ 计算得z，

如使不等式 $-1.96 \leq z \leq +1.96$ 成立则不舍弃（采用）N，不成立则舍弃N。

不仅是对N=16和36而是对所有的N实施此检验方法，除去舍弃的，就留下了妥当地作为母群体N的所有数值。

这些数值可以通过解一元二次不等式算出，而这里使用电脑计算软件的表格来计算，即图10-1。

观察图10-1可以明白，N在12枚以下不等式不成立，或N在31枚以上不等式也不成立，所以这些N对母群体来说不妥当要舍弃。

因此，留下的N为"$13 \leq N \leq 30$"，这叫作"N的95%置信区间"，是"关于N的区间估计"的结果。

总结以上内容：

"投掷N枚硬币出现10枚正面时，N的95%置信区间为$13 \leq N \leq 30$"。

N	Z
12	2.309401
13	1.941451
14	1.603567
15	1.290994
16	1
17	0.727607
18	0.471405
19	0.229416
20	0
21	−0.21822
22	−0.4264
23	−0.62554
24	−0.8165
25	−1
26	−1.1767
27	−1.34715
28	−1.51186
29	−1.67126
30	−1.82574
31	−1.97566
32	−2.12132

$N=12$：$-1.96 \leq z \leq +1.96$ 不在

$13 \leq N \leq 30$：$-1.96 \leq z \leq +1.96$ 在

可估计N的95%置信区间为 $13 \leq N \leq 30$

$N=31,32$：$-1.96 \leq z \leq +1.96$ 不在

图10-1 硬币枚数N的区间估计

10.2 置信区间的"95%"的意义

这里，好好理解在"95%置信区间"时的"95%"这一概率的意义十分重要。

"95%预测命中区间"时的95%，确实是"95%的数据在此区间"的

意思。因此，认为"下次观测到的数据进入此区间有95%的概率"是完全正确的。

但是，置信区间的情况不是这样。并不是"观测到正面的枚数为10枚时，总体参数N有95%的概率在 $13 \leq N \leq 30$ 的范围内"的意思。

本来N也不是"不确定的将要决定的东西"，而是"已经确定的但不知道的东西"。那么再多加注意地观察一下图10-1可以明白，"N不同则母群体不同"。

我们面对的不确定现象，是"固定母群体中哪个数据被观测到"的问题。此时以一定的固定结构概率性地出现的数值，不是总体参数N，说到底只是观测到的数值（这个例子中是只证明枚数10）。

严格来讲，内容如下：

先将目光从观测值10移开，将观测值当作一般的x。

投掷N枚硬币出现x枚正面的情况下，

从x、$\mu = \dfrac{N}{2}$、$\sigma = \dfrac{\sqrt{N}}{2}$，

通过 $z = \dfrac{x - \mu}{\sigma}$ 计算得出z，

满足不等式 $-1.96 \leq z \leq +1.96$ 的概率（由预测命中区间的讨论而来）是0.95。

就是说，观测x，由x计算出z并舍弃N，进行这一操作时，真正的正确枚数N被保留的概率，对各个观测值x来说都是0.95。因此，正确的解释是，（以10为例）无论出现什么样的观测值x，反复以此方法进行N的估计，其中95%的估计结果是命中的。

就是说，95%是这样的一个百分数，它不是对"作为真正的N应有95%在区间 $13 \leq N \leq 30$ 中"的估计，而是对"如果持续进行区间估计，可求得对应观测值的各种各样的区间，但在100次中有95次真正的N落在求出的区间内"的估计。

10.3 对标准差的已知正态母群体的平均值的区间估计

这里讲到的以硬币为例子的区间估计,是为了便于理解而在本章的开篇采用过的。但对于使用正态分布的检验和区间估计来说,它其实是个相当特殊的例子。所以现在,笔者将对正态分布的区间估计中非常标准的例子进行解说。

标准例是下面这种类型的:

"已知母群体为正态分布,$S.D.$(σ)已知,但平均值(μ)未知,由观测到的数据来对μ进行区间估计"。

这里可能有很多读者会感觉所谓"已知$S.D.$"像是一个故意设定的假设。确实是这样的。已知正态分布,已知$S.D.$,但只有平均值未知,可以说这是一个故意设定的环境。实际上,应该在"$S.D.$也未知"或是连"正态分布甚至也是未知"的环境中进行推论,才可以说是真正的推论。当然,这种环境中的估计实际上是可能实现的,这也正是本书的最终目标。但实现这个方法论并不是件容易的事。

例题2 温度测定

用精度不太好的温度计,测定液体的温度。

测定出的数据,是实际温度平均值为μ,标准差为5℃的正态分布。现在,测定温度为20℃。请以95%置信区间来对实际温度进行区间估计。

这正好是刚才说明的"已知母群体为正态分布,已知其$S.D.$,根据这些,由观测到的数据推测母群体的平均值"这一类型的问题。

虽然上文中说过这是"故意设定的假设",但却不是什么奇异的假设。因为根据机械或目测而得的测定值数据,是以"实际的值"为平均值的正态分布。正态分布公式是曾担任天文台所长的数学家高斯,在调查天体观测的观测误差时发现的。

就是说,母群体是(无限个)观测值数据集合的情况,可认为:

平均值→实际值

S.D.→测定精度

与之相对应的，测定机械各自的固有精度即S.D.是已知的也并非不可思议。

那么，为了对实际温度μ进行区间估计，可使用图10-2的思路。

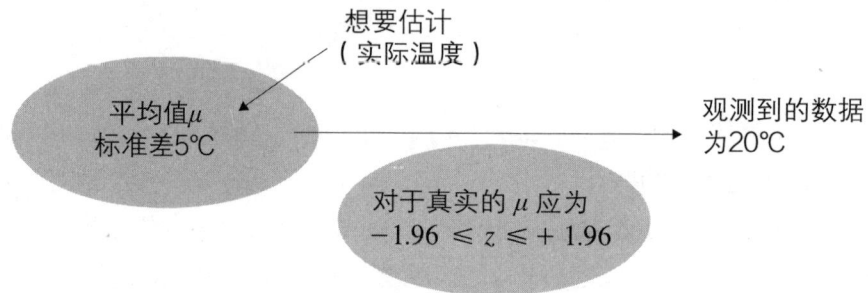

图10-2　正态分布平均值的区间估计

首先，将想要估计的实际温度=母群体的平均值设为μ。母群体的S.D.事先已知为$\sigma=5$。

因此，根据$z=(x-\mu)\div\sigma$的公式，将观测值20进行$z=\dfrac{20-\mu}{\sigma}=\dfrac{20-\mu}{5}$的加工，就可以将这个z看作观测到的标准正态分布数据中的1个。此时，z满足"$-1.96\leq z\leq +1.96$"的情况下，带有μ的母群体作为"可能母群体"被保留。这是"区间估计"的思路。

解不等式得如下结果。

不舍弃μ

→μ满足$-1.96\leq \dfrac{20-\mu}{5}\leq +1.96$

→μ满足$-9.8\leq 20-\mu\leq +9.8$（3边乘以5）

→μ满足$-29.8\leq -\mu\leq -10.2$（3边减去20）

→μ满足$29.8\geq \mu\geq 10.2$（3边乘以-1。注意不等号反转）

根据上述解一元一次不等式的操作可知，不舍弃"$10.2\leq \mu\leq 29.8$"范

围的 μ，而作为妥当的母群体的 μ 被保留。

就是说，实际温度 μ 的95%置信区间为"$10.2 \leq \mu \leq 29.8$"。

总结

①区间估计是这样一种估计方法：它针对母群体的总体参数（参数），在假定其总体参数的情况下，只集合了现实观测到的数据在观测数据的"95%预测命中区间"的总体参数。根据区间估计确定的总体参数的范围叫作"95%置信区间"。

②由区间估计求得的区间，是对所有的总体参数进行上一章中的"检验"操作，不舍弃而保留下的集合。

③关于正态母群体已知标准差 σ 时，对未知的平均值 μ 进行区间估计的方法。

使用观测到的数据 x，解关于 μ 的一元一次不等式

$$-1.96 \leq \frac{x - \mu}{\sigma} \leq +1.96$$

得出 "$* \leq \mu \leq *$" 的形式即可。

④95%置信区间是这样一种区间：它由各种各样的观测值用相同方法进行区间估计，其中95%包含正确的总体参数。

练习题

已知血压检查中，根据检查者的习惯和听觉，一定程度上会有各种结果。

现在，将自己进行血压测量时的血压设为 x，将 x 作为实际血压平均值为 μ，标准差为 σ 的正态分布。

此时，如果检测的血压为130，可推测你的实际血压 μ 在哪个范围？请求

95%置信区间。

解 $-1.96 \leq \dfrac{(\ \ ) - \mu}{(\ \ )} \leq +1.96$ 得

$(\ \ ) \leq (\ \ ) - \mu \leq (\ \ )$

$(\ \ ) \leq \mu \leq (\ \ )$

这是μ的95%置信区间。

第2部分　观测数据分析预测

在本书的第1部分中介绍了数据的压缩方法。所谓"压缩",是刻画数据特征的手法。

作为压缩的表现方法,介绍了频数分布表、直方图这样的图表现和平均值、标准差（S.D.）这样的数值表现。

之后,关于正态分布的数据,从直方图和平均值、标准差两方面解说了其分布特征。作为其应用,大致说明了对于正态母群体进行"统计检验"和"区间估计"的方法。

但第1部分的目标是从数据处理基础到推论统计基础的快速突入,优先考虑简便化和易懂性,有些地方的说明欠缺严密性。

所以在第2部分中,让我们更加认真地解说一下区间估计。理解了这些,就能够涉足关于卡方分布、t分布的区间估计,就有可能到达统计学最重要的部分。

尽管如此,对于读完第1部分的大致预告篇,完成了"预习"的读者们来说,也不是很难。

第11章 根据"部分"推论"总体"
——母群体和统计的估计

11.1 母群体

第1部分解说过的"母群体"非常重要,所以这里让我们再次回顾一下。

我们以数据的形式,观测相同的不确定现象产生出的各种数字的情况。比如,观测相同种类的蝴蝶各不相同的体长数值,或者在选举中选民对各竞选者进行投票。更具体一些,比如投掷36枚硬币时,正面枚数是从0～36枚各不相同的数值。又如,同一家店铺营业额每天都不同,股票的日经平均指数每天反复涨跌。

我们可以假想出一个池潭,相同现象的数据都从相同的池潭中出现。这个假想之"潭"叫作"母群体"。可以这样想,蝴蝶体长的数据,从装满蝴蝶体长数值的潭中出现,店铺营业额的数据从装满店铺营业额数值的潭中出现。

选举的情况,将"开票处整体"比作池潭会更容易理解。因为某人投了谁的票,与观测开票处1张投票用纸是完全相同的。一次选举的全部数据,是与(包括弃权的)选民人数一致的,这是有限的数,因此叫作"有限母群体"。

与此相对，（像神一样超常存在地）测定古今中外、现在未来所有蝴蝶的体长，将写有检测结果的无限张数的纸投入潭中，就有了无限个的数据数，因此叫作"无限母群体"。对于投掷硬币的情况，无限次投掷36枚硬币，将出现正面枚数的全部数据放入潭中（从0~36的37种数字各有无限个被放入其中），这也是无限母群体。假设进行了无限次交易，那么店铺的营业额和股票的日经平均指数也属于无限母群体。

本书考虑的是一般性的问题，所以不针对有限母群体，而只针对无限母群体来思考（出现选举例子的时候，也请当作无限母群体来看待）。

推论统计的目标，是从无限母群体得出的几个数据中，对母群体总体进行推测。第1部分中解说过，这是"从部分推论总体"。慎重的读者也许会觉得不可思议：怎么可能有这种事情？

但是，好好回想一下我们日常生活就会发现，这些事情平时就有。比如下面这件事。我们做汤的时候，需要判断味道（咸味等）是否合适。当然把一锅汤全都喝掉确实可以进行判断，但就没有了尝味道的意义。于是，我们用勺子喝一点，没问题的话就说明可以。这就是根据部分判断总体。

为什么以此就能大概知道味道如何呢？因为可以认为"经过充分混合，一汤勺可以反映全体"。

推论统计也是同样。从母群体这一假想之"潭"中出现的数据，不是谁都可以随意控制的，而是反映母群体总体情况的，所以在从部分判断总体上与品尝汤的例子相同。

但是，品尝汤的时候，必须想到偶尔会尝到"稍有些浓"的地方，或是"稍有些淡"的地方，所以汤总体的味道与尝到的味道多少有些偏差也是正常的。同样，也必须做好推论统计也并非"完全一致"，而是有一定的偏差的思想准备。

11.2 随机抽样法和总体均值

我们已经将母群体当作池潭一样的东西。那么让我们详细地说一下池潭里面的内容。

举（无限）母群体的一例（如图11-1）。数据数值只有①、⑤、⑨3种，每个数据在潭中有无数个。

请想象一下这种情况。潭中有3种池子："有无数数据①在池子里游泳""有无数数据⑤在池子里游泳""有无数数据⑨在池子里游泳"。

池子的大小（幅度）不同，假设面积各为0.6、0.3、0.1（以后母群体中"池子"面积必须像这样按照合计为1来设定）。请将池子大小的差别看作各数据是否容易从母群体这个池潭中出来的差别。对母群体来说，观测到的数据是①、⑤、⑨中的任意一个，观测到的相对频数是池子大小的数字（面积）0.6、0.3、0.1。

就是说，数字①的出现比数字⑨容易6倍，数字⑤的出现比数字⑨容易3倍。

实际上为了明白地说明此问题，必须用到"概率"的表达。就是说，观测到①、⑤、⑨的概率分别为0.6、0.3、0.1，它们每次按照各自的概率独立（不影响其他观测值的出现）出现。

但像序中说过的，本书会避开概率，只谈数据分布。

母群体的构造（无限母群体）

请以此情况来考虑母群体

⬇

- 无数的数字在池子里游泳

- 相同数字在相同池子里游泳

- 池子的面积不同（相加等于1的带小数点的面积）

- 从哪个池子中像钓鱼一样钓出1个数字作为数据（标本）

- 无论从哪个池子钓出，都与池子的面积成正比

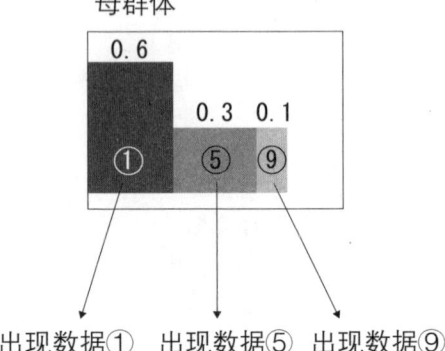

出现数据①　出现数据⑤　出现数据⑨

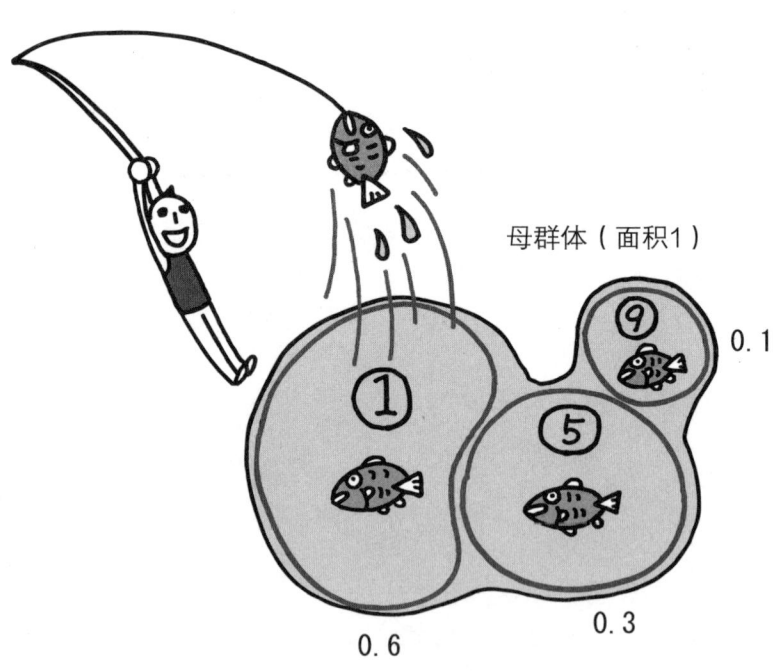

图11-1　母群体和随机抽样法

此时，"观测的相对频数为0.6、0.3、0.1"是"如果从这个母群体反复观测数据足够多的次数，做成直方图，直方图几乎与母群体一致"的意思。就是说，实际观测数据的相对频数反应池子的大小。这样的假设叫作"随机抽样法（无作为抽取）的假设"（如图11-2）。

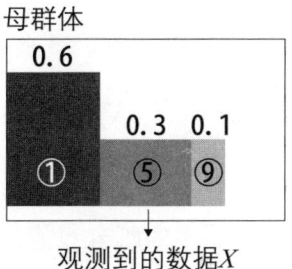

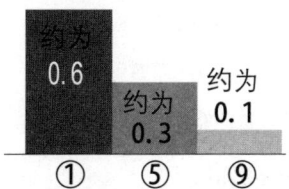

观测很多数据，可以做与母群体十分近似的直方图

抽取接近无限的大量数据进行观测，数据的相对频数与池子面积几乎相同。可以认为与母群体的直方图相同。

图11-2　随机抽样法和观测数据的直方图

如果这样假设，就得出"进行充分的观测，就能相当鲜明地捕捉母群体的情况"这一结论。这是正确的，可以由数学中的概率理论加以证明。但本书不涉及这一内容。

我们现在的目标，是"不进行那么大量的观测而推测出母群体的情况"。

首先，我们可以利用这个假设对"母群体的平均值"进行定义。让我们再回顾一下第2章解说过的"由直方图进行平均值的计算"。

平均值=组值×相对频数的合计

所以这个母群体的平均值，由重复充分的次数观测而得的直方图计算可得

平均值=1×0.6+5×0.3+9×0.1=3

这就可以理解为这个计算与（母群体中存在的数值）×（各自池子的大小）的合计是一样的。

这样的母群体的平均值叫作"总体均值"。一般表示总体均值时，使用希腊文字μ。

重读第2章的解说就会明白，已知总体均值μ，我们就可知"母群体的全部数据大致在μ的周边分布"。就是说，可知在母群体的潭中游泳的数据，大致是什么水准。

那么看一下求总体均值的步骤就能明白，直接求总体均值，需要观测存在于母群体中的所有数值，并已知其泳池面积。这必须观测充分的次数，相当正确地以观测数据直方图的分布来再现母群体的分布情况。但是，这样的情况（除去选举和国情调查这样稀有事例）在实际上几乎不可能存在。

因此，我们需要从观测到的并不那么多的数据中，推测总体均值的方法。第1部分结束的时候，已经对这一方法进行了大致的解说，第2部分会继续作更详细的说明。

总结

①无限母群体中，各数据以无限个数存在，其"观测的容易性"各不相同。

②随机抽样法的假设，是"进行足够多次数的观测做成直方图，再现母群体分布"的假设。

③母群体的平均值μ叫作总体均值，以下面的方法进行计算。

μ=数据的数值×相对频数的和（=数据的数值×池子大小的和）

练习题

按照下面的情况考虑母群体。

数字（作为数据出现的）	3	5	6	9
相对频数（池子的面积=抽取概率）	0.3	0.3	0.2	0.2

①为了求这个母群体的总体均值，可以用数字乘以相对频数，再进行合计。

数字	相对频数	数字×相对频数
3	0.3	
5	0.3	
6	0.2	
9	0.2	
	合计	

②据此，总体均值μ=(　　　)。

③更进一步地，从这个母群体抽取近似于无数的数据制作直方图，画在下面图里。

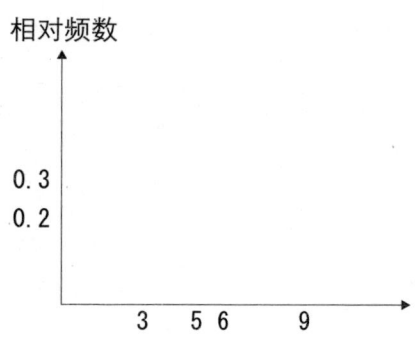

第12章 表示母群体数据分散程度的统计量
——总体方差和总体标准差

12.1 搞清数据的分散程度

第11章中，作为捕捉母群体数据分布情况的指标，定义了总体均值。这是将母群体这一假想之"潭"中无限个的数据数值，以其池子的大小（数据的"多少""浓淡""测度"）进行加权平均算出的结果。另外，它在实际观测足够多的次数并制作直方图后，与"数据的数值乘以相对频数并进行合计所得的值"大致（正确地说，是在增加观测次数到极限）相同。

总体均值μ意味着母群体中的数据是大致分布在μ的周边各种各样的数值。但是，虽说是"各种各样"，如果不能捕捉"什么程度的各种各样，即分散程度"就不能说是捕捉到了分布的情况，会产生一些障碍。这在第1章中也提到过。

像这样捕捉"数据在μ的周边以何种程度分散"以及"距μ远的数据，以何种程度的分散情况出现"的统计量是标准差（S.D.）。

因此对于母群体，根据标准差的计算，可以更加详细地弄清母群体"是如何集中数据的"。

这里先复习一下计算标准差过程中出现的"偏差"和"方差"。

首先，各数据的偏差。

偏差=（数据的数值）-（平均值）

就是说将数据变换为以平均值为基准时的正负数。这个数据与平均值相比大多少，或者小多少，根据偏差都可以弄清。将各数据变换为这样的偏差，平方后再合计，除以数据数，可得"方差"。

方差=［（偏差的平方）的合计］÷（数据数）

最后，将所得偏差的值开方，得"标准差"。这是对方差进行"均方根值"这一特殊的平均方法而得的。

标准差=$\sqrt{方差}$

为了由频数分布表或直方图来进行此操作，请回想一下下面的内容（参照第3章的内容）。

平均值=（组值×相对频数）的合计

偏差=（数据的数值）-（平均值）

方差=［（偏差的平方）×相对频数］的合计

标准差=$\sqrt{方差}$

12.2 总体方差和总体标准差的计算

我们将母群体的数据的标准差叫作"总体标准差"（这是其他统计学的教科书中几乎不用的词语，本书为了命名方便使用此词语）。这个总体标准差以σ标记。

母群体的方差叫作"总体方差"（这是被广泛应用的用语）。这是开方之前的数字，因此写作σ^2。

母群体的数据和其分布（各池子的大小）已知的情况下，计算总体方差σ^2和总体标准差σ是很容易的。因为像第11章中解说过的，如果观测足够多的次数制作直方图，那么会有（池子的大小）→（相对频数）这一"随机抽样法的假设"。

因此对各数据进行

偏差=(数据的数值)-(总体平均值μ)

的计算

然后再进行这样的计算就可以了。

总体方差σ^2=[(偏差的平方)×(池子的大小)]的合计

总体标准差$\sigma=\sqrt{(总体方差\sigma^2)}$

总体方差σ^2和总体标准差σ的求法

母群体的总体平均值μ为
μ=(数据的值×相对频数)的合计
　　=1×0.6 + 5×0.3 + 9×0.1=3

总体方差σ^2=[(偏差的平方)×相对频数]的合计
　　=$(-2)^2$×0.6 + $(+2)^2$×0.3 + $(+6)^2$×0.1
　　=7.2

总体标准差$\sigma = \sqrt{7.2} = 2.68$

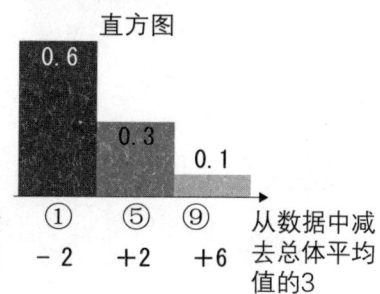

图12-1　总体方差和总体标准差

让我们来求一下第11章中图11-1中母群体的总体方差和总体标准差。这个母群体，就像图12-1中3种数据①、⑤、⑨，各自为0.6、0.3、0.1的池子大小（"多少""浓淡""测度"）一样。此时，如果观测足够多的次数的数据，就可以做出图中的直方图。

如第11章中计算所得，这个平均值为3。因此，从各数据的数值①、⑤、⑨中减去平均值3，得到偏差为-2、+2、+6。将它进行平方再乘以相对频数并相加，得到

总体方差 $\sigma^2 = (-2)^2 \times 0.6 + (+2)^2 \times 0.3 + (+6)^2 \times 0.1 = 7.2$

再开方得到

总体标准差 $\sigma = \sqrt{7.2} = 2.68$。

总结

① 表示母群体数据分散程度的统计量是总体标准差。

② 总体标准差由以下步骤可求：

偏差 =（数据的数值）-（总体平均值 μ）

总体方差 σ^2 = [（偏差的平方）×（池子的大小）] 的合计

总体标准差 $\sigma^2 = \sqrt{(总体方差\ \sigma^2)}$

练习题

练习求总体方差 σ^2 和总体标准差 σ。

按照以下母群体来考虑。

数字（作为数据出现的）	11	9	4	1
相对频数（池子的面积=抽取概率）	0.3	0.3	0.2	0.2

① 首先，求此母群体的总体平均值 μ。

数字	相对频数	数字×相对频数
11	0.3	
9	0.3	
4	0.2	
1	0.2	
	合计	

由此可得总体平均值 μ =（　　）。

② 求下面的偏差，将其进行平方，乘以相对频数再合计。

数字	偏差	偏差的平方	相对频数	偏差的平方×相对频数
11			0.3	
9			0.3	
4			0.2	
1			0.2	

③ 由此可得总体方差=（　　）。

而总体标准差 $\sigma = \sqrt{(\qquad)} = ($　　$)$。

第13章　复数数据的平均值比1个数据接近总体均值
——样本均值的思维方法

13.1 从观测到的1个数据可以推测出什么

我们想知道的是不确定现象的源头"母群体"。

因为如果可以知道母群体是什么数值，是以什么样的相对频数（"池子的大小""浓度""测度"）组成的，就可以对将会观测到什么数值（虽然也许不能完全猜中）作有效的准备。

但是，可以说，要想确切知道母群体数值全体的分布情况，从原理上来讲是不可能的。虽然通过"随机抽样法"观测足够多的次数确实可以明确这些分布，但我们却无法对周围的不确定现象进行那么多的观测。

那么比如说，这里实际观测到了1个数据x，从它可以推测母群体的什么呢？可以推测"总体平均值μ接近这个x"吧。因为平均值是从分布中选取的具有代表性的点（直方图中挑担人偶玩具的支点）。

而如果假设以什么理由已知了总体标准差σ，那么，对总体平均值μ就可以进行更详细的推测了。

请观察图13-1。就像第1部分中解说过的，可以认为"多数数据是在距平均值2个以内$S.D.$的范围"（参照第4章内容）。因此，可以大致认为"数据x

是距 μ（$\sigma \times 2$）程度以内的"。反过来说，可以看作距 x（$\sigma \times 2$）程度以内存在 μ。这一点在母群体呈正态分布时被强烈支持。

第1部分中说明了，利用此性质，可以进行推论统计和区间估计。另外，数学家也证明了，即使不是正态分布的一般分布，将 $\sigma \times 2$ 变换为 $\sigma \times k$，选择适当的 k 时，这一点也被强烈支持（具体来说就是一般距 μ（$\sigma \times k$）以上的数据只占全体比例的 $\frac{1}{k^2}$ 以下。这叫作"切比雪夫不等式"）。

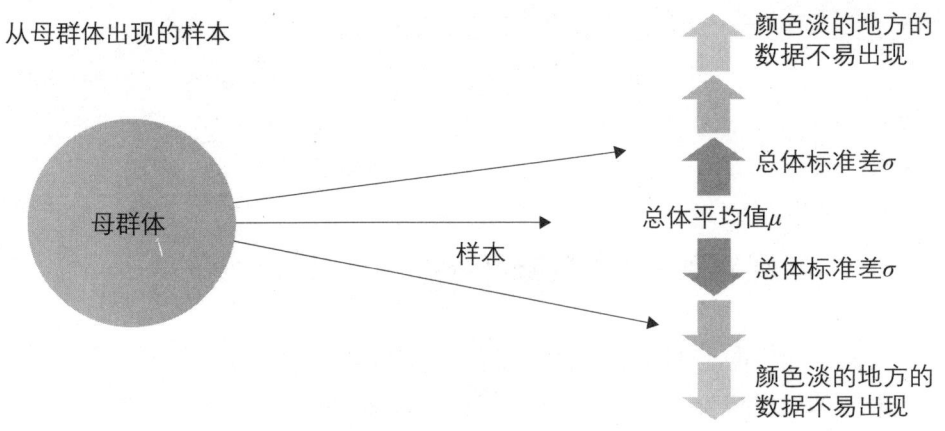

图13-1　已知总体标准差时的估计

13.2 为什么要做样本均值

那么，当观测到的数据不是1个，而是多个的时候怎么办呢？

当然，即使是多个数据，也不能成为再现母群体分布的信息。但在对总体均值 μ 的推测上，要比1个观测数据精确很多。

这里请回想一下，我们在日常生活中对同一现象的数据进行复数观测的习惯。我们经常会观测 n 个数据，"将数据合计再除以 n 取算术平均数"。

比如，对几次考试的分数进行平均，测量几次体温并进行平均，取几天的营业额进行合计再平均。

这样，为了与总体均值相区别，将观测到的数据的平均值称为样本均值。

样本均值=（观测到的数据的合计）÷（观测数据数）

具体例子，参照图13-2。

观测母群体的2个数据会如何

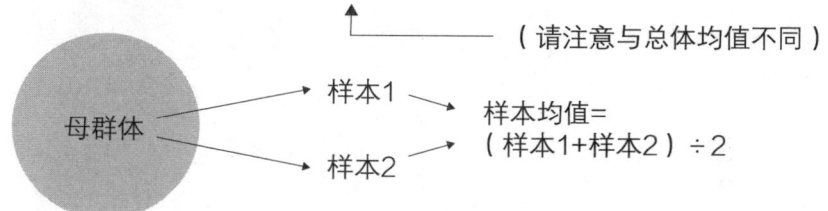

例：如果（样本1）=5，（样本2）=11，那么
样本均值=（5+11）÷2=8

图13-2　样本均值

那么，我们为何要求这样的样本均值呢？

理由是"想要抵消偶然数据的分散性，得出与实际值接近的值"。

比如，模拟考试分数的重要之处在于可以用来预测实际的考试成绩。但是，每一次的模拟考试成绩，根据当时的情况和运气，会有各种各样的分数。因此要用几次模拟考试的平均分，抵消"偶然的玩笑"。而测量体温和估计营业额也是一样的。

实际上这样的样本均值的想法，在推论统计上也有重要的效果。

为了能更好地理解，这里需要利用将频数理想化的"数学概率模型"。这名字听上去很难，但其实只是掷骰子模型而已。

我们以掷骰子为例,来看一下样本均值的性质

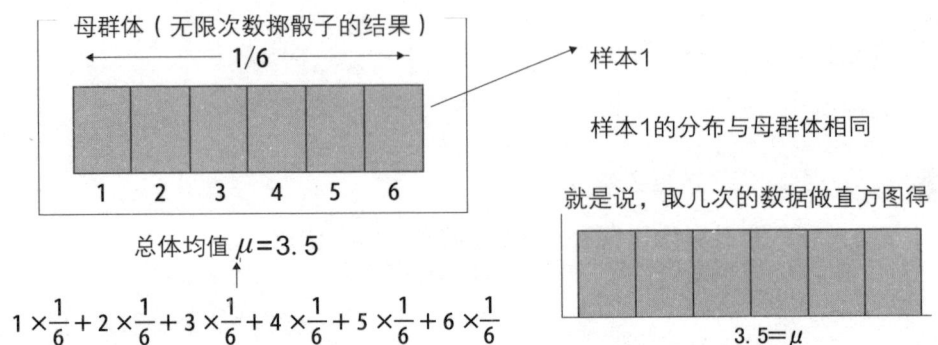

图13-3 掷骰子的样本均值

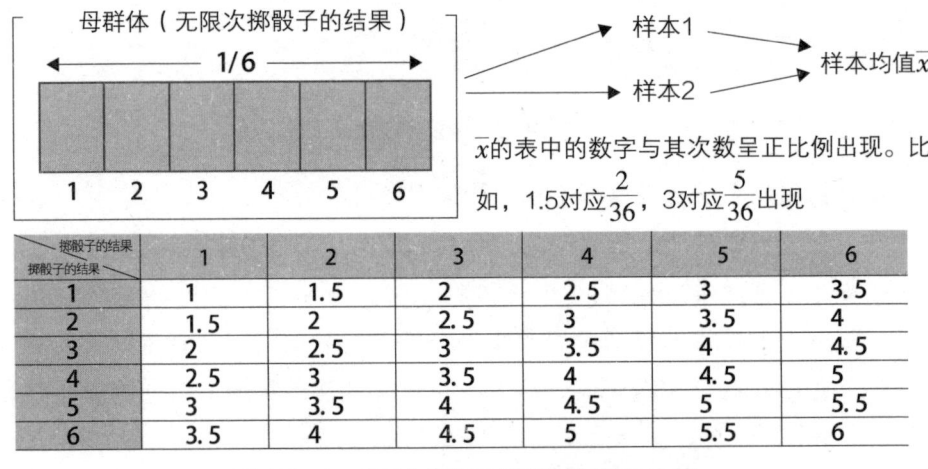

图13-4 掷2个骰子时记录的样本均值

首先,图13-3中第一幅图示无限次记录掷骰子结果的母群体。因为骰子在理想状态下六面会均等出现,所以自然可以认为池子的大小("多少""浓度""测度")全部是六分之一。

因此,按照图中的计算,总体均值为3.5。

其次,让我们看一下对此母群体的数据进行2次观测,也就是将2次掷骰

子的结果作为1组来记录会怎样。反复进行"2个1组的记录",可以想象"1和1""2和5"等36组数据还是均等出现的。以这样组合的2个数据记录算术平均数会如何呢?(如图13-4)

这样,作为算术平均数出现的数字为1、1.5、2、2.5、3、3.5、4、4.5、5、5.5、6这11组,但请注意,这次它们已经不是均等出现的了。

由图13-4可见,平均值为2的情况是平均值为1的3倍,平均值为3.5的情况是平均值为1的6倍。由此可以做这些算术平均数的直方图,如图13-5。

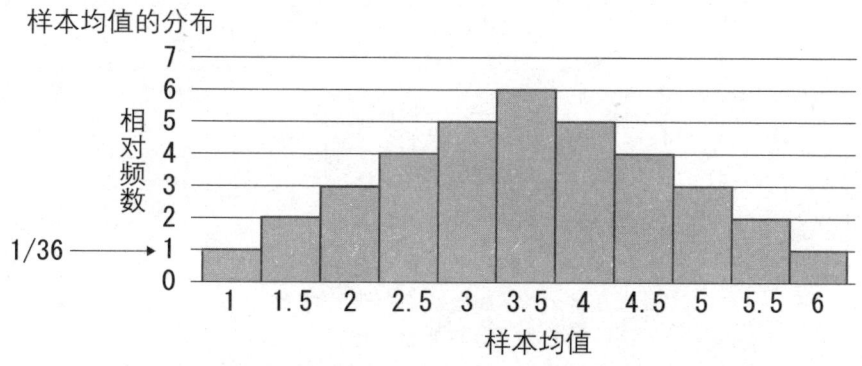

图13-5　掷2个骰子时的样本均值

样本均值写作符号$\bar{x}$(读作x-bar),请看图13-6。可见原来的母群体(或是对其中的数据进行足够多次观测所做的直方图),是每个数据都有相同相对频数平均后的图,而2个的样本均值$\bar{x}$则为山形的直方图,而且总体均值3.5周边的相对频数高。

因此,与掷骰子1次相比,掷2次所得结果的样本均值,出现更接近总体均值3.5的数值的可能性高。

实际上,这样的性质,不仅是掷骰子的母群体,对任何母群体都是成立的。作为数学定理表达如下所述。

大数法则

从1个母群体中,观测n个数据取其样本均值$\bar{x}$。此时,n越大,样本均值为接近总体均值μ的数值的可能性越高。

就是说，我们平常熟悉的样本均值的技术，是可以比较正确地推量总体均值的适当方法，且有数学法则的支撑。

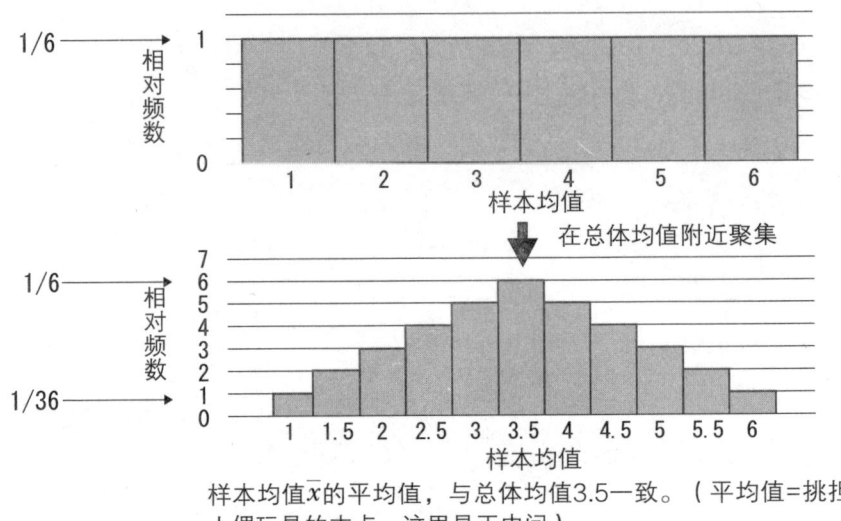

样本均值$\bar{x}$的平均值，与总体均值3.5一致。（平均值=挑担人偶玩具的支点，这里是正中间）

但是，数值的相对频数在平均值的旁边一下子变高

图13-6　掷骰子的样本均值

总结

①观测到的数据，可以在一定程度上认为接近总体均值。

②观测复数的数据，它的平均值叫作样本均值，记作$\bar{x}$。

③观测复数的数据取样本均值，比1个数据更接近总体均值。观测数据越增加，样本均值接近总体均值的可能性越高。

④大数法则。从1个母群体中，观测n个数据取其样本均值。此时，n越大，样本均值为接近总体均值μ的数值的可能性越高。

练习题

母群体作如下考虑。

数字（作为数据出现的）	1	2	3	4
相对频数（池子的面积=出现概率）	$0.25(\frac{1}{4})$	$0.25(\frac{1}{4})$	$0.25(\frac{1}{4})$	$0.25(\frac{1}{4})$

① 为求样本均值的相对频数作表，填好空白。

	1	2	3	4
1				
2				
3				
4				

② 作样本均值的相对频数的表。

样本均值	1	1.5	2	2.5	3	3.5	4
相对频数	$\frac{}{16}$	$\frac{}{16}$	$\frac{}{16}$	$\frac{}{16}$	$\frac{}{16}$	$\frac{}{16}$	$\frac{}{16}$

③ 将此表作成直方图。

第14章　随着观测数据增加，预测区间变窄
——正态母群体的便利商品、样本均值

14.1 正态分布样本均值的性质

　　第13章说明了，观测多次数据，反复记录足够多次数的样本均值作直方图的话，会得到更多与总体均值μ接近的数值（就是说，总体均值μ的附近直方图稍高）。

　　观测多次数据x做成的样本均值写作$\bar{x}$。第13章也说明过，可以将此样本均值$\bar{x}$看作与只观测1次的数据x相比，更接近于总体均值μ的数据。

　　这说明，利用样本均值来进行第1部分解说过的区间估计，可以得到精度更高的估计。但是，区间估计必须明确像"95%置信区间"这样的"错误风险"（此时为100% - 95%=5%）。为了明确"错误风险"，必须有对从母群体分布和其数据中得出样本均值的数据分布的正确知识。

　　一般的母群体，即使搞清了母群体自身的分布，但因为样本均值的分布会因之变化，所以用于推测的话并不合适。请再看一下第13章中的图13-6。掷骰子结果的数据的母群体，1~6数值的相对频数都是一样的（这里术语叫作均匀分布）。那么，由2个观测数据制作的样本均值$\bar{x}$的直方图是山形的，已经与母群体是不同的分布。

做3个的样本均值,直方图的形状会更圆。像这样,掷骰子的母群体,样本均值的分布(直方图的形状)是变化的,所以将"错误风险"控制在一定程度内并不简单(正确地说是"并非不可能但无实用性")。

但是,我们知道有不会发生这种情况的性质好的分布。其中之一就是第1部分中解说过的正态分布。母群体以正态分布的叫作"正态母群体",它有"正态母群体取样本均值的分布仍为正态分布"这一优秀性质。

若想以数学来证明这一性质,需要用到概率论和微积分这样高级的知识,而以"能在统计中使用"为目的则不是本书所需要的。请读者们接受这一事实,并让我们继续进行下去。正态母群体的性质,详细说明如下。

正态母群体中取样本均值的性质

正态母群体的总体均值为μ,总体标准差为σ时,从中观测的n个数据x的样本均值$\bar{x}$的分布也是正态分布。$\bar{x}$的分布的平均值仍为μ,标准差为$\dfrac{\sigma}{\sqrt{n}}$,缩小为母群体的$\sqrt{n}$分之一。

图示如图14-1。

请注意这里样本均值$\bar{x}$的标准差,"不是由n个具体数据(样本)计算而得的标准差"。这里所说的样本均值$\bar{x}$的标准差是无限重复观测n个数据,做从中计算而得的无数样本均值$\bar{x}$的直方图,并对其进行计算所得的标准差。也可以说,是像由无限的$\bar{x}$做成的母群体的总体方差一样的东西。

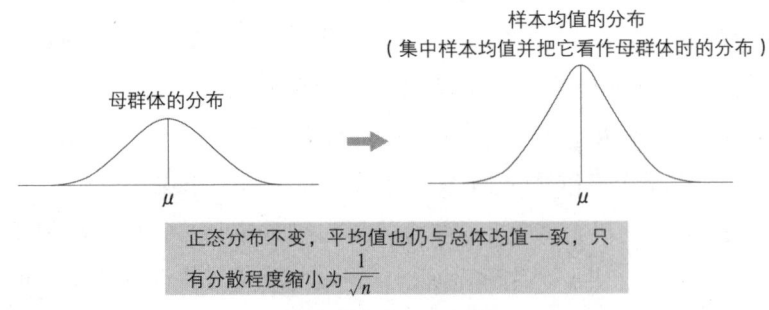

图14-1 正态母群体的样本均值的分布

与此相对，n个具体数据（样本）的标准差，也只不过是由以n个为1组的数据单纯计算而得的（这在第16章的样本方差中会讲到）。

看图14-1马上就会明白，对正态分布的母群体作样本均值，会得到比吊钟形更"突兀"的形状。这意味着在平均值附近的数据会以更高的概率被观测到，而远离平均值的数据比较不易被观测。

这里为了不使大家在与其他书籍比较时引起混乱，作如下附记："n个样本均值$\bar{x}$的分布，其平均值与总体均值μ一致，标准差为总体标准差σ除以$\sqrt{n}$"的这一性质，对任何分布的母群体都成立。想证明这一点并不是很难，但本书不作讨论。但"样本均值的分布与母群体的分布形状相同"这一性质，除了正态分布和一部分特例，几乎不成立。

14.2 关于正态母群体样本均值的95%预测命中区间

本书的第1部分中说明了事先预测正态分布观测数据的方法。

一般正态分布的95%预测命中区间

平均值为μ，$S.D.$为σ的正态分布的95%预测命中区间为，

($\mu-1.96\sigma$) 以上 ($\mu+1.96\sigma$) 以下

换成正态母群体来说，就是如果对"观测距总体均值μ为总体标准差σ的1.96倍范围内的数据"进行预测，"有95%的概率命中"。

让我们将此法则升级为"从正态母群体观测n个数据时，对其样本均值进行预测，该预测什么范围？" n个样本均值的分布，平均值与总体均值μ相比没有变化，标准差变为总体标准差σ的$\sqrt{n}$分之一，因此理所应当就有了下面的内容。

正态母群体的样本均值的95%预测命中区间

对于总体均值为μ，总体标准差为σ的正态母群体数据的n个样本均值来说，95%预测命中区间为

（$\mu-1.96\dfrac{\sigma}{\sqrt{n}}$）以上（$\mu+1.96\dfrac{\sigma}{\sqrt{n}}$）以下

另外，为了方便进行区间估计，还以不等式的形式表示。

正态母群体的样本均值的95%预测命中区间：不等式表示

对于总体均值为μ，总体标准差为σ的正态母群体数据的n个样本均值来说，95%预测命中区间为，由

$$-1.96 \leqslant \dfrac{\bar{x}-\mu}{\dfrac{\sigma}{\sqrt{n}}} \leqslant +1.96$$

解得的范围。

这是利用"从正态分布的数据中减去总体均值再除以$S.D.$，可以加工出标准正态分布的数据"这一性质得来的。

以上的内容用图示，如图14-2。

关于正态母群体的样本均值分布的一般法则

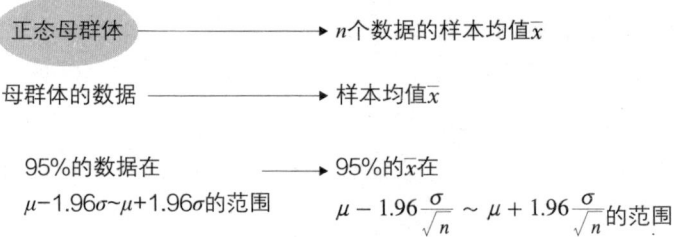

图14-2 对正态母群体的样本均值的95%预测命中区间

使用此法则，可以进行下面这样的"预测"。

现在，已知母群体呈正态分布，其总体均值为200，总体标准差为10。

从这个母群体中只观测1个数据时，如果要以"它的范围"的形式来对这个数进行事先预测，则通过200−1.96×10=180.4和200+1.96×10=219.6的计算，预测"观测数据在180.4以上219.6以下的范围"，有95%的概率猜中。

另外，从这个母群体中观测4个数据取其样本均值时，如果要以"它

的范围"的形式来对这个样本均值的值进行事先预测，则通过200-1.96×（10÷$\sqrt{4}$）=190.2和200+1.96×（10÷$\sqrt{4}$）=209.8的计算，预测"观测的4个数据的样本均值在190.2以上209.8以下的范围"，有95%的概率猜中。

更进一步，从这个母群体中观测16个数据取其样本均值时，如果要以"它的范围"的形式来对这个样本均值进行预测，则通过200-1.96×（10÷$\sqrt{16}$）=195.1和200+1.96×（10÷$\sqrt{16}$）=204.9的计算，预测"观测的16个数据的样本均值在195.1以上204.9以下的范围"，有95%的概率猜中。

请比较上述这三个预测的范围。可见取样本均值的个数越是按照1个、4个、16个增加，预测区间越狭窄。就是说，取样本均值的观测数据个数越多，就越可以得到精度更高的预测（接近定点位置的让人惊奇的预测）。这也正是利用样本均值的优势。

总结

①正态母群体的样本均值的性质

正态母群体的总体均值为μ，总体标准差为σ时，观测到的n个数据x的样本均值$\bar{x}$（将它们的集合作为别的母群体时）的分布仍为正态分布。$\bar{x}$的分布的平均值仍为μ，但标准差为$\frac{\sigma}{\sqrt{n}}$，与母群体相比缩小为$\sqrt{n}$分之一。

②正态母群体的样本均值的95%预测命中区间

对于总体均值为μ，总体标准差为σ的正态分布数据的n个样本均值$\bar{x}$来说，95%预测命中区间为，

（$\mu-1.96\frac{\sigma}{\sqrt{n}}$）以上（$\mu+1.96\frac{\sigma}{\sqrt{n}}$）以下。

③正态母群体的样本均值的95%预测命中区间：不等式表示

对于总体均值为μ，总体标准差为σ的正态母群体数据的n个样本均值$\bar{x}$来说，95%预测命中区间为由

$$-1.96 \leq \frac{\bar{x}-\mu}{\frac{\sigma}{\sqrt{n}}} \leq +1.96$$

解得的范围。

● 练习题 ●

将成年女性全体的身高数据作为母群体。

这个母群体的总体均值为160cm，总体标准差为10cm。

①只从这个母群体中取1个数据中，如果想要预测它并有95%的概率猜中，那么可以预测这个范围。

（　）−1.96×（　）~（　）+1.96×（　）

即（　）~（　）。

②只从这个母群体中取4个数据作样本均值。

如果想要预测它并有95%的概率猜中，那么可以预测这个范围。

（　）−1.96×（　）~（　）+1.96×（　）

即（　）~（　）。

③只从这个母群体中取25个数据作样本均值。

如果想要预测它并有95%的概率猜中，那么可以预测这个范围。

（　）−1.96×（　）~（　）+1.96×（　）

即（　）~（　）。

第15章 已知总体方差，求正态母群体的总体均值
—— 使用样本均值进行总体均值的区间估计

15.1 推测总体均值和总体方差

如果我们想要知道某个特定的不确定现象的情况，那么多数情况下，只要知道它母群体的总体均值和总体方差（或者总体标准差也一样）就可以。我们来回顾一下第1部分解说过的例子。

用温度计测量液体温度时，一定会伴有测量误差，所以不能把测量出的温度就那样直接当作"液体实际的温度"。但是，我们知道测量值是"以实际温度为平均值，有一定$S.D.$的正态分布"，所以作为母群体（假想为集中了所有测量值的无限母群体）来说，可以将其总体均值看作实际温度。也就是说，从现实的测量值推测出实际温度，推测这个正态母群体的总体均值就可以了。

另外，做住宅广告时，从咨询人数来推测实际参观者数的例子（参考9.2）会怎样呢？在这个例子中，假设根据经验可知，希望参观者中有二分之一的概率会电话咨询。

因此，如果实际的希望参观者人数为N，可以将母群体看作"同时投掷N枚硬币出现正面枚数的数据集合"。我们可以近似地认为，这个母群体是总

体均值为 $\frac{N}{2}$、总体标准差为 $\frac{\sqrt{N}}{2}$ 的正态母群体。

这样一来，推测出的总体均值2倍就是希望参观者数的推测。或者，如果要推测总体标准差，就是推测 $\frac{\sqrt{N}}{2}$，那么将推测值乘以2再平方，它的值就是N的推测。

通过以上的例子可知，想知道特定的不确定现象的性质时，如果没有正态母群体的总体均值，那么可以推测总体标准差来代替它。

那么，这里来解说一下关于"已知总体方差的正态母群体"而对其总体均值进行区间估计的方法。这只是对第1部分最后解说过的样本均值使用方法的升级版。虽然前文中已有过涉猎，但还是再解说一下"为什么要假设已知总体方差的母群体"。

最理想状态的估计，当然是"连母群体的分布也不知道的估计"。坦率来讲，这虽然并非完全不可能，但谁都应该有种"就原理上来讲难以办到"的直觉。因为什么信息都没有。但即使这样，还是有办法。

一个办法是，利用如果能够取得大量数据，那么母群体无论是什么分布，其样本均值都接近正态分布这一性质（称为中心极限定理）。这叫作"大样本估计"。

另一个办法是，利用不假设关于分布的知识的"非参数"的方法（关于这方面本书不涉及）。

除去这种情况，最自然、最实用的是"已知正态母群体，但未知总体均值和总体方差时的估计"。这是本书的最终目标，但要推进它不只需要利用样本均值，还需要利用样本方差的分布，且遗憾的是不仅是正态分布，它还与卡方分布、t分布等新的分布相关联。因此从下一章开始，我们要进入这些解说。作为准备，我们会按照以下顺序一个一个进行。

- 本章"已知正态母群体和总体方差时，总体均值的估计"
- 第17章"已知正态母群体和总体均值时，总体方差的估计"
- 第19章"已知正态母群体，未知总体均值时，总体方差的估计"

・第21章"已知正态母群体,未知总体方差时,总体均值的估计"

第21章是刚才说过的"最自然、最实用"的版本,让我们以它为最终目标一个一个地去理解。

第一步,在本章中解说"已知正态母群体和总体方差时,总体均值的估计"。

15.2 使用样本均值进行总体均值的区间估计

让我们来解说从样本均值估计母群体总体均值的方法(请复习第1部分第10章中说明过的从1个观测数据进行的估计)。

用具体例子来说明。

例题1

便利店有自动做饭团的机器。这个机器可以调节饭团的重量,但因为是机器所以当然会产生误差。

将饭团成品重量的全部数据作为母群体时,将它看作总体标准差为10克的正态母群体。因此,只做25个饭团时,其样本均值为80克。

请以95%置信区间对制作饭团重量的总体均值进行区间估计。

解答和解说

观测这个母群体中的25个数据(制作饭团并称重)时,它的样本均值$\bar{x}$的分布是以总体均值μ为平均值,将总体标准差(已知为10)除以$\sqrt{25}$,以$\frac{\sigma}{\sqrt{25}} = \frac{10}{5} = 2$作为标准差的正态分布。

因此,假设在观测25个数据之前预测其样本均值,预测满足不等式$-1.96 \leq \frac{\bar{x} - \mu}{2} \leq +1.96$的$\bar{x}$的范围,有95%的概率预测准确。

区间估计要与此相反去考虑"能使现实观测到的样本均值80克不在此范

围的 μ，不可能作为现实母群体的总体均值，所以要舍弃"。

因此，将现实观测值80代入不等式 $\bar{x}$，

只有满足 $-1.96 \leq \dfrac{80-\mu}{2} \leq +1.96$ 的总体均值 μ 不舍弃被保留。

3边乘以2，

$-1.96 \times 2 \leq 80 - \mu \leq +1.96 \times 2$

3边加上 μ，

$\mu - 1.96 \times 2 \leq 80 \leq \mu + 1.96 \times 2$

解左侧不等式，

从 $\mu \leq 80 + 1.96 \times 2$ 得 $\mu \leq 83.92$

解右侧不等式，

从 $\mu \geq 80 - 1.96 \times 2$ 得 $\mu \geq 76.08$

总结为，

$76.08 \leq \mu \leq 83.92$

因为在此范围内的总体均值 μ 未被舍弃而是保留，就成为总体均值 μ 区间估计的结果，即"总体均值 μ 的95%置信区间"。

让我们将以上对具体例子的解说进行一般性总结。

已知母群体为正态分布，又知其总体标准差 σ 的值。现在，观测出了这个母群体中 n 个数据。它们是 x_1、x_2、…、x_n。

此时，

①反复观测 n 个数据并计算样本均值 $\bar{x}$，$\bar{x}$ 的分布平均值（同总体均值）为 μ，S.D.为 $\dfrac{\sigma}{\sqrt{n}}$，缩小为母群体的 $\sqrt{n}$ 分之一。

②因此，如果要在观测数据之前，预测 n 个数据样本均值的范围，可根据解距平均值1.96倍以下的S.D.的不等式

$$-1.96 \leq \dfrac{\bar{x}-\mu}{\dfrac{\sigma}{\sqrt{n}}} \leq +1.96 \quad \text{——①}$$

得"$\bar{x}$的范围",即可得准确概率为95%的预测。

③从现实观测的数据中反推母群体的总体均值μ时,"将能够使现实观测的样本均值$\bar{x}$进入预测范围的总体均值μ,作为妥当的母群体"而保留,有其他μ的母群体要舍弃。

④公式①的不等式,已知σ和n,$\bar{x}$从观测数据计算可得,所以只将使得此不等式成立的μ作为妥当的总体均值估计值保留即可(参照图15-1)。

⑤具体进行④的操作:

3边乘以$\left(\dfrac{\sigma}{\sqrt{n}}\right)$,

$$-1.96 \times \dfrac{\sigma}{\sqrt{n}} \leqslant \bar{x} - \mu \leqslant +1.96 \times \dfrac{\sigma}{\sqrt{n}}$$

3边加上μ,

$$\mu - 1.96 \times \dfrac{\sigma}{\sqrt{n}} \leqslant \bar{x} \leqslant \mu + 1.96 \times \dfrac{\sigma}{\sqrt{n}}$$

左侧不等式的两边加上$1.96 \times \dfrac{\sigma}{\sqrt{n}}$

$$\mu \leqslant \bar{x} + 1.96 \dfrac{\sigma}{\sqrt{n}}$$

右侧不等式的两边加上$-1.96 \times \dfrac{\sigma}{\sqrt{n}}$

$$\bar{x} - 1.96 \dfrac{\sigma}{\sqrt{n}} \leqslant \mu$$

合起来

$$\bar{x} - 1.96 \dfrac{\sigma}{\sqrt{n}} \leqslant \mu \leqslant \bar{x} + 1.96 \dfrac{\sigma}{\sqrt{n}} \quad \text{——②}$$

公式②的范围叫作"总体均值μ的95%置信区间"

求这样的区间叫作总体均值的区间估计。

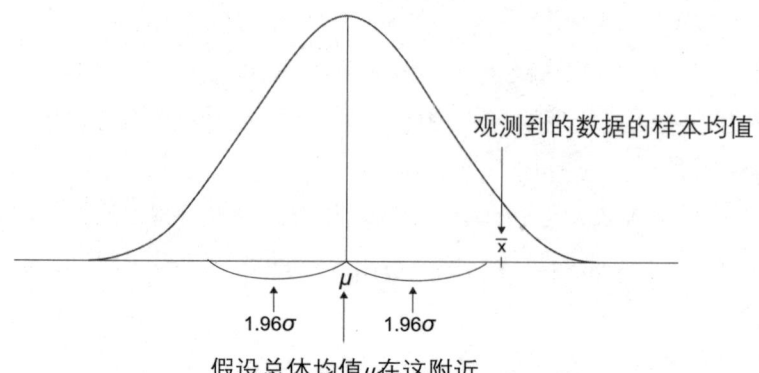

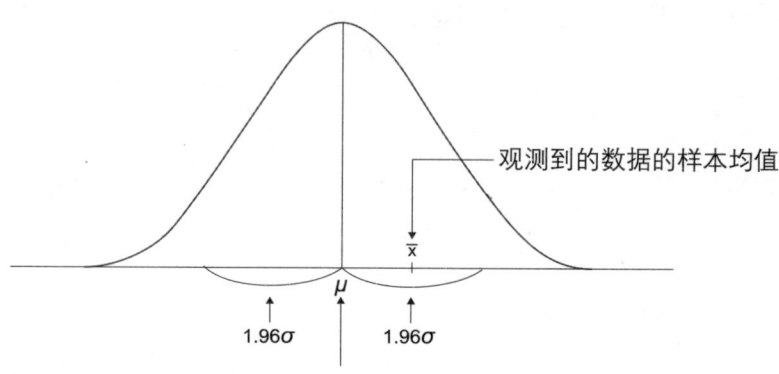

图15-1　总体均值的区间估计

总结

① 正态母群体中已知总体标准差为 σ（总体方差为 σ^2）时，为了从 n 个样本估计总体均值 μ，可以计算样本均值 $\bar{x}$，保留（不舍弃）满足 $-1.96 \leq \dfrac{\bar{x}-\mu}{\dfrac{\sigma}{\sqrt{n}}} \leq +1.96$ 的 μ 即可。

② 此时，μ 的 95% 置信区间为

$$\bar{x} - 1.96\dfrac{\sigma}{\sqrt{n}} \leq \mu \leq \bar{x} + 1.96\dfrac{\sigma}{\sqrt{n}}$$

练习题

测量某人血压。

将此人血压测量值作为母群体，它是以现在实际的血压 μ 为总体均值，总体标准差为 10 的正态分布。

① 此人只测量了 1 次血压。测量值为 130。此时，来进行实际的血压（总体均值 μ）的区间估计。

求满足不等式

$-1.96 \leq \dfrac{(\quad)-\mu}{(\quad)} \leq +1.96$ 的范围即可。

解得 95% 置信区间为

$(\quad) \leq \mu \leq (\quad)$

② 下面进行了 4 次测量，得到如下 4 个数据：

131、135、140、138，

这 4 个数据的样本均值为 $\bar{x} = (\quad)$。

另外 $\bar{x}$ 的标准差为 $10 \div (\quad) = (\quad)$。

此时，要对真实的血压 μ 进行区间估计，求满足不等式

$$-1.96 \leq \frac{(\quad)-\mu}{(\quad)} \leq +1.96$$

的范围即可。

解得95%置信区间为

$(\quad) \leq \mu \leq (\quad)$。

第16章 卡方分布登场
——样本方差的求法和卡方分布

16.1 样本方差的求法

第2部分到第15章为止,介绍了以样本均值为中心的估计。样本均值是计算从母群体中观测到的n个数据的平均值所得到的。就"可以对正态母群体进行区间估计"这个意义上来说,样本均值可以说是对总体均值的反映。

压缩观测数据所得的另一个重要统计量是第1部分反复解说过的$S.D.$(标准差)。

那么,从正态母群体中观测n个数据计算出的$S.D.$,有什么性质呢?它是总体标准差的反映吗?本章就来解答这些问题。

但是,这里不用观测数据的$S.D.$,而是开方之前的"方差"。理由是在数学上,$S.D.$比方差有更多优势。

从观测数据(样本)计算的方差叫作"样本方差"。样本方差计算步骤如下:

步骤①
首先计算样本均值。

步骤②
其次从各样本中减去样本均值,得偏差。

步骤 ③

对各偏差进行平方再合计，除以样本数。

这样计算出的样本方差，记作符号s^2（总体方差记作σ^2，所以符号也不同）。

$$（样本方差 s^2）= \frac{[（偏差1）^2+（偏差1）^2+\cdots\cdots+（偏差n）^2]}{n}$$

（这个开方就是S.D.）。

这里要先说明一下。在很多统计学教科书中，作样本方差s^2时，不是除以样本数n，而是除以少1的$n-1$，这是出于概率论的考虑。本书不涉及概率论，因为不会在估计上出现技术问题，所以采用除以n的这一定义。

两个样本的计算总结如图16-1。

制作正态母群体中样本（数据）的偏差，平方再取平均值的叫作样本方差。

（要注意与总体方差不同）

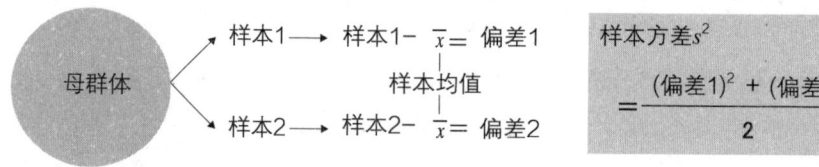

图16-1　样本方差的计算

那么，从正态母群体中得出的数据，依据正态分布的相对频数，所取值各不相同。也就是说，以吊钟形图现的相对频数来观测，反复从这样的n个数据中计算样本方差，样本方差当然也是各不相同的值。

那么，这个样本方差是如何分布的呢？样本均值应该是平均值与总体均值同为μ，S.D.为总体标准差σ的$\sqrt{n}$分之一的正态分布，那样本方差也是这样的吗？

样本方差也是反映总体方差的，但它并非是正态分布。"并非正态分布"可以作如下简单理解。让我们再来看一下公式：

$$（样本方差 s^2）= \frac{[（偏差1）^2+（偏差1）^2+\cdots\cdots+（偏差n）^2]}{n}$$

因为进行了平方再合计，所以样本方差绝不可能是负数。

但另一方面，正态分布会出现负值（全部的数）。仅此就可以看出对正态母群体中样本进行计算而得的样本方差不是正态分布。

16.2 卡方分布是什么

那么，样本方差是什么样的分布呢？这不能现在马上说明，需要稍微绕点路。让我们先放下样本方差，来导入下面这个新的统计量。

在样本方差的公式中，我们只关注"平方的和"这一形式，并进一步限定母群体的正态分布也是标准正态分布，来分析"标准正态分布的母群体中的 n 个数据的平方的和"这一统计量。

现在思考一下，从母群体为标准正态分布（平均值为 0，$S.D.$ 为 1 的正态分布）的标准正态母群体中观测 3 个数据，将其平方再相加的统计量。

具体地说，对于观测数据（样本）x_1、x_2、x_3，

计算 $V = x_1^2 + x_2^2 + x_3^2$，求数值 V。比如，观测 +1、+3、−2 这 3 个数据，则 $V = (+1)^2 + (+3)^2 + (-2)^2 = 14$。$x_1$、$x_2$、$x_3$ 是样本，所以每当观测的时候会有各种各样的数值，因此 V 也是各种各样的值，是与平均值相同的统计量的一种。

将这个 V 的分布做成直方图，如图 16-2。

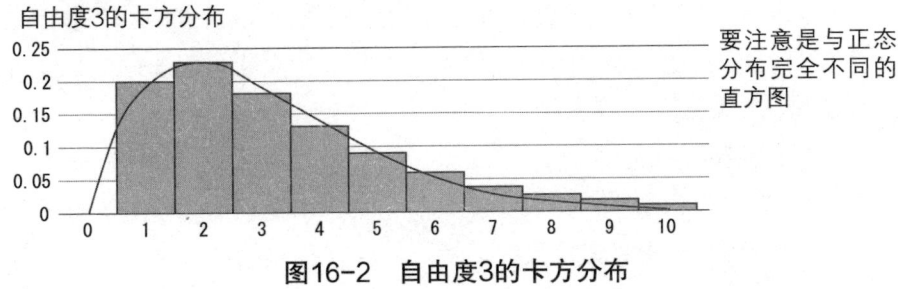

图 16-2　自由度 3 的卡方分布

为了便于理解，这里也画上了柱状图，但因为在卡方分布中无论多细致的数字都有可能出现，所以真正的分布是图中的曲线。

观察此直方图可知，分布仅限V为0以上的数值，距0比较近的地方数据密集，也就是从左向右急剧下落，所谓的过山车形。

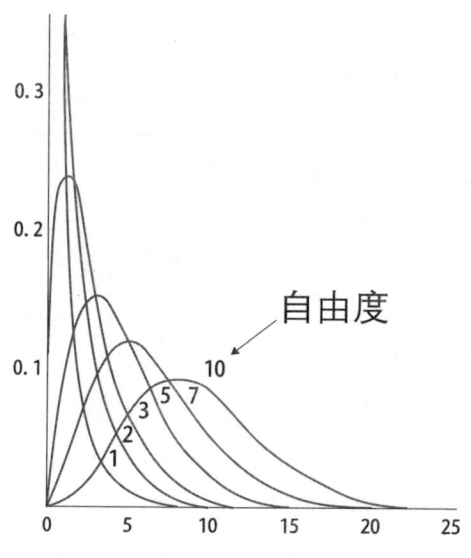

图16-3　自由度n的卡方分布

这种分布叫作"自由度3的卡方分布"。

所谓"自由度"，是学术用语，本书不深入讲解，但在"自由度3的卡方分布"中有"观测数据数"（以几个数据来平方并求和）的意思。同样，从标准正态母群体中不是观测3个而是n个数据，平方再相加作统计量V，V的分布为"自由度n的卡方分布"。这些分布根据自由度n变化形状。将它们进行比较，即为图16-3（图的形状有所变化，但表达的是同种函数，所以统一称为卡方分布）。

卡方分布的特征有：

①0的附近数据的相对频数大（就是说，直方图呈过山车形）。这是正态分布在0的附近数据的相对频数大的反映。

②随着自由度n（观测数据数）的增大，山的高度渐渐向右侧变低（过山车的倾斜是平缓的）。这表明了n增大，稍稍远离0的数据出现的相对频数增高（参照图16-4）。

呈自由度n的卡方分布的V

对于标准正态母群体中n个样本x_1、x_2、$\cdots x_n$，

按照$V = x_1^2 + x_2^2 + x_3^2$作统计量$V$，$V$是呈自由度$n$的卡方分布。

关于正态母群体样本方差分布的一般法则

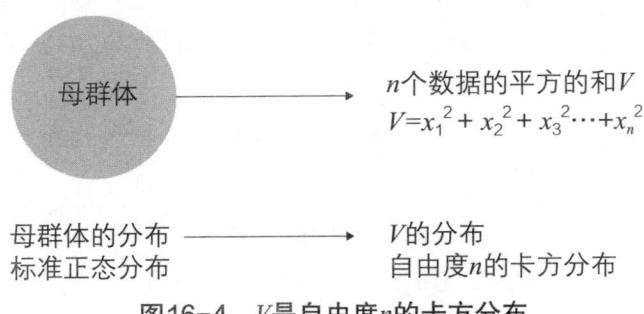

图16-4　V是自由度n的卡方分布

数学家们用表格显示了数据呈卡方分布时，各个数值是以何种相对频数出现的。

比如，表16-1是自由度3的卡方分布的相对频数表。按照如下解读，4的地方是0.2614，这意味着4以上数值出现的相对频数约为0.2614，即自由度3的卡方分布的数据中4以上的占全体的大约26.14%。

这样，数值X旁边写的数值，表示"X以上的数据占全体多少比例"（一般在卡方分布中以这种形式给出表格的情况很多）。观察表16-1的10的地方，可见在自由度3的卡方分布中，10以上的数据出现的相对频数

表16-1　自由度3的卡方分布

V	X以上出现的相对频数
0	1
1	0.8012
2	0.5724
3	0.3916
4	0.2614
5	0.1717
6	0.1116
7	0.0718
8	0.0460
9	0.0292
10	0.0185

只有1.8%。这就可以确认卡方分布的数据是如何只在0的附近集中的。

那么，最终就可以明白我们开始解说的样本方差也是呈卡方分布的，但为了能更好地说明，有必要再对卡方分布进行深入一点的理解。这个解说，我们放到第18章来进行。

在这一章的最后，为了能切身感受卡方分布，我们来试着解一个简单的问题。

例题

从标准正态分布的母群体中进行3次数据观测。此时，预测"观测的3个数据的平方的和在3以上不到6"的情况，此预测有多少概率命中？请利用表16-1求解。

再强调一遍，表16-1表示"观测自由度3的卡方分布数据时，观测到的数据在X以上的相对频数"。

对于从标准正态分布的母群体观测的数据（样本）x_1、x_2、x_3，计算$V=x_1^2+x_2^2+x_3^2$和统计量V。此时，V为自由度3的卡方分布。对于求得此V的x，表示"$V \geq x$"的相对频数的是图16-5。

看$x=3$的地方，相对频数为"0.3916"，这表示的是"$V \geq 3$"发生时的相对频数。也就是说，3以上的数值V的相对频数为0.3916。同样，看$x=6$的地方，相对频数为"0.1116"，这表示的是满足"$V \geq 6$"的V的相对频数。

因此，用前者减去后者，即为"$6 > V \geq 3$"的相对频数，是0.3916 - 0.1116=0.28。这个比率，表示计算V得到3以上不到6的占全体的28%，即预测"V在3以上不到6"时，命中概率为28%。

总结

①观测数据（样本）中计算的方差叫作"样本方差"。

②计算样本方差s^2的步骤如下：

步骤1 首先计算样本均值。

步骤2 其次从各样本中减去样本均值，作偏差。

步骤3 将各偏差进行平方再合计，除以样本数。

公式写作

$$（样本方差 s^2）= \frac{[（偏差1）^2 + （偏差2）^2 + \cdots + （偏差n）^2]}{n}$$

③自由度n的卡方分布的V

对于标准正态母群体中n个样本x_1、x_2、$\cdots x_n$，将它们平方再合计

$$V = x_1^2 + x_2^2 + \cdots + x_n^2$$

得统计量V，V呈自由度n的卡方分布。

④卡方分布的V，只出现0以上的值。另外，距0近的数值的相对频数大，距0远的数值的相对频数急剧减小。

● 练习题 ●

观测3次根据标准正态分布得到的数据。此时，利用图16-5，求观测到的3个数值的平方的和在2以上不到7的相对频数。

2以上的相对频数=（　　）

7以上的相对频数=（　　）

2以上不到7的相对频数=（　　）-（　　）=（　　）。

第17章 用卡方分布推算总体方差
——推算正态母群体的总体方差

17.1 卡方分布的95%预测命中区间

第16章说明了从标准正态母群体（母群体为$\mu=0$，$\sigma=1$的标准正态分布）中观测n个数据，将这些数据进行平方再相加得V这一统计量，V的分布为自由度n的卡方分布。

那么，要说我们做明确分布这件事有什么可值得高兴的，那就是可以进行"95%命中率的预测"了。关于正态分布，第14章说明了预测方法。同样，关于卡方分布，也可以进行有95%概率命中的指定某个范围并使V在此范围内的预测。

如图17-1，卡方分布的95%预测命中区间，根据自由度而不同。因为自由度不同而分布姿态（直方图的形状）各异是理所当然的事情。

比如，从标准正态母群体中观测5个数据，计算它们平方的和的统计量为V，V是自由度5的卡方分布。对于这个V，像图17-1那样，因为"$0.8312 \leq V$"相对频数为97.5%，"$12.825 \leq V$"相对频数为2.5%，所以"$0.8312 \leq V < 12.8325$"相对频数为 97.5%–2.5% = 95%。

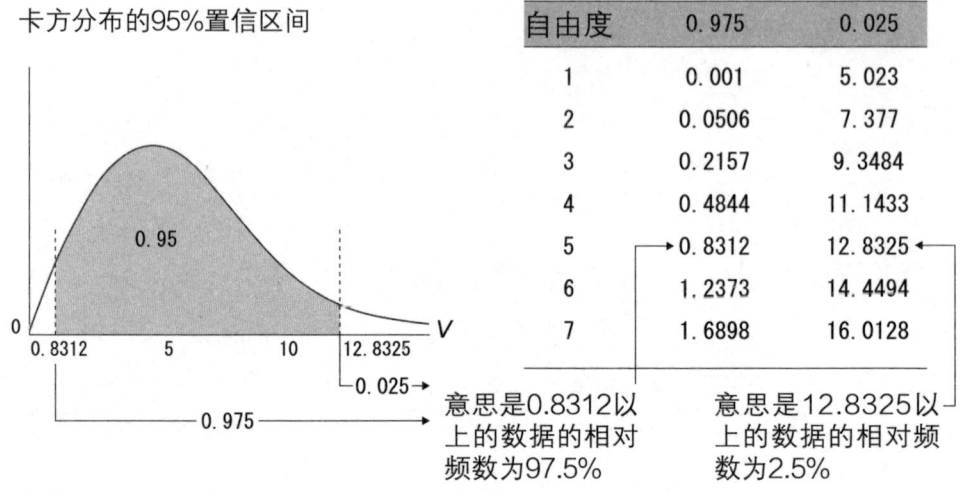

图17-1　自由度5的卡方分布

现在，边缘值12.8325不在范围内，但即使包含它在内也不会对概率产生影响，所以为了与正态分布的预测命中范围相吻合，写作包含在内的形式。这样一来，V该取的数值中有95%在"$0.8312 \leqslant V \leqslant 12.8325$"中，因此预测此范围可以有95%的概率命中。这以直方图（图17-1左侧的图）来看，与"$1.2373 \leqslant V \leqslant 14.4494$"的相对频数是95%相对应。

同样，如果已知V呈自由度6的卡方分布，看一下图自由度6的地方，将"$1.2373 \leqslant V \leqslant 14.4494$"作为预测范围的话，就是95%预测命中区间。

17.2 终于开始正态母群体总体方差的估计了

可以作95%预测命中区间，意味着可以运用区间估计。请回想一下，由总体均值μ，总体标准差σ的正态母群体中的样本x，作$z = \dfrac{x - \mu}{\sigma}$统计量$z$，$z$呈标准正态分布，所以已知$\sigma$，就可进行$\mu$的区间估计。

如果，从x和μ和σ可作卡方分布的统计量，那应该同样可以进行区间估计。

从正态母群体中观测 n 个数据 x_1、x_2、$\cdots x_n$ 的样本,从中减去总体均值 μ,再除以总体标准差 σ,得数值

$$\frac{x_1-\mu}{\sigma} \text{、} \frac{x_2-\mu}{\sigma} \text{、} \cdots \frac{x_n-\mu}{\sigma} \text{。}$$

这些都与刚才的统计量 z 相同,所以是标准正态分布。因此平方再相加,可得卡方分布统计量 V。

就是说,

从一般正态母群体求卡方分布 V 的方法

由总体均值 μ、总体标准差 σ 的正态母群体观测 n 个样本 x_1、x_2、$\cdots x_n$,

以 $V=(\dfrac{x_1-\mu}{\sigma})^2+(\dfrac{x_2-\mu}{\sigma})^2+\cdots+(\dfrac{x_n-\mu}{\sigma})^2$

的形式计算 V,得统计量 V 为自由度 n 的卡方分布。

那么这样一来,由一般的正态母群体样本求得卡方分布统计量,利用前项解说过的"卡方分布的95%预测命中区间",就可对总体方差进行区间估计。

但是,本章要说明的是"已知总体均值 μ"这一不自然的情况。这是以先理解总体方差为目的的估计法,而下面的第18章会脱离这种假设,移到"总体均值也未知"情况下的估计,所以在这里请先作为引子阅读一下。

让我们用具体的例子来解说这种估计方法。

例题

某蝴蝶体长的母群体,已知是总体均值80mm的正态母群体。此时,观测3个个体体长为76mm、85mm、83mm时,求总体方差 σ^2 的95%置信区间。

首先,由观测的3个样本作统计量 V。

$V=(\dfrac{x_1-\mu}{\sigma})^2+(\dfrac{x_2-\mu}{\sigma})^2+\cdots+(\dfrac{x_3-\mu}{\sigma})^2$

已知观测值 x_1=76、x_2=85、x_3=83、及总体均值 μ=80,代入得

$$V = \left(\frac{76-80}{\sigma}\right)^2 + \left(\frac{85-80}{\sigma}\right)^2 + \left(\frac{83-80}{\sigma}\right)^2 = \frac{(-4)^2}{\sigma^2} + \frac{5^2}{\sigma^2} + \frac{3^2}{\sigma^2} = \frac{16}{\sigma^2} + \frac{25}{\sigma^2} + \frac{9}{\sigma^2} = \frac{50}{\sigma^2}$$

这个V是已知（样本数是3个）自由度3的卡方分布数据中的1个。因此，作为估计的基本姿态，要接受"我们应该观测95%预测命中区间中的数值"的思路。

就是说，"事先已知σ，不能使从观测值中计算出的V的值在95%预测命中区间的σ要舍弃"。不舍弃而保留的母群体的总体方差σ^2，从图17-1来看，必须满足

$0.2157 \leqslant \dfrac{50}{\sigma^2} \leqslant 9.3484$（不满足的$\sigma^2$要舍弃）。

解此不等式，可得总体方差σ^2的95%置信区间。

$0.2157\sigma^2 \leqslant 50 \leqslant 9.3484\sigma^2$ ←3边乘以σ^2── ①

$\sigma^2 \leqslant \dfrac{50}{0.2157}$ ←①的左边的不等式除以0.2157── ②

$\sigma^2 \leqslant 231.80$ ←除法进行后── ③

$\dfrac{50}{9.3484} \leqslant \sigma^2$ ←①的右边的不等式除以9.384── ④

$5.34 \leqslant \sigma^2$ ←除法进行后── ⑤

$5.34 \leqslant \sigma^2 \leqslant 231.80$ ←③和⑤合并── ⑥

根据以上可知，关于总体方差σ^2的95%置信区间在5.34以上231.8以下。

就是说我们从观测的3个个体体长估计了"母群体体长的总体方差是5.34以上231.80以下的数值"。这是"已知总体均值时总体方差的区间估计"。

当然，将3边进行开方，可得总体标准差σ的区间估计。

即

$\sqrt{5.34} \leqslant \sigma \leqslant \sqrt{231.80} \rightarrow 2.31 \leqslant \sigma \leqslant 15.22$

总结

① 由一般正态母群体作卡方分布 V 的方法

从总体均值 μ、总体标准差 σ 的正态母群体中观测 n 个样本 x_1、x_2、…x_n，计算

$$V=\left(\frac{x_1-\mu}{\sigma}\right)^2+\left(\frac{x_2-\mu}{\sigma}\right)^2+\cdots+\left(\frac{x_n-\mu}{\sigma}\right)^2$$

求 V，得统计量 V 是自由度 n 的卡方分布。

② 从已知总体均值 μ 的正态母群体中的 n 个数据估计总体方差 σ^2 的 95% 置信区间，可按照以下步骤。

步骤① 由 n 个数据使用①的方法计算 V。V 是（数字/σ^2）的形式。

步骤② 从图中可求自由度 n 的卡方分布的 95% 预测命中区间为 a 以上 b 以下的形式。

步骤③ 解不等式 $a \leq \dfrac{\text{数字}}{\sigma^2} \leq b$，求 σ^2。

● 练习题 ●

已知某蝴蝶体长的母群体为总体均值 80mm 的正态母群体。此时，观测到的 4 个个体的体长为 76mm、77mm、83mm、84mm。总体方差为 σ^2，求 σ^2 的 95% 置信区间（参照图 17-1）。

首先，计算 V。

$$V=\left[\frac{()-()}{\sigma}\right]^2+\left[\frac{()-()}{\sigma}\right]^2+\left[\frac{()-()}{\sigma}\right]^2+\left[\frac{()-()}{\sigma}\right]^2$$

$$V=\frac{()}{\sigma^2}+\frac{()}{\sigma^2}+\frac{()}{\sigma^2}+\frac{()}{\sigma^2}=\frac{()}{\sigma^2}$$

因为 V 呈自由度（　　）的卡方分布，求满足

（　　）$\leq \dfrac{()}{\sigma^2} \leq$（　　）的 σ^2。解得

$$\frac{(\quad)}{(\quad)} \leqslant \sigma^2 \leqslant \frac{(\quad)}{(\quad)}$$

95%置信区间为

$(\qquad) \leqslant \sigma^2 \leqslant (\qquad)$。

第18章 样本方差呈卡方分布
——与样本方差成正比的统计量W的做法

18.1 与样本方差成正比的统计量W的做法

第17章中提到，对从正态母群体观测的样本，减去总体均值μ，除以总体标准差σ，再作平方和，可得卡方分布的统计量V，利用这个分布的95%预测命中区间进行区间估计。但是这里是从"已知总体均值μ"这一稍不自然的假设来进行的。因为从数据中减去总体均值，再除以总体标准差可得标准正态分布，因其平方和为卡方分布，所以这种不自然是必要的。

请注意，求V这一统计量时进行的[（数据）-（总体均值μ）]^{2}计算，与计算数据的S.D.（样本标准差）时中途出现的（偏差）^{2}的计算相似。

这两个计算的不同之处在于，统计量V为从数据中"减去总体均值μ"，而样本方差s^2是从数据中"减去样本均值$\bar{x}$"作偏差。V正好是卡方分布的统计量，但减去样本均值$\bar{x}$而不是总体均值μ再平方求和，这个性质会变化吗？

实际上非常幸运的是，只要稍加变更就可维持卡方分布。

将V公式的总体均值（μ）替换为样本均值（$\bar{x}$）

$W=$［（样本）-（样本均值）］的平方÷（总体方差）的和

$$= \frac{(x_1 - \bar{x})^2}{\sigma^2} + \frac{(x_2 - \bar{x})^2}{\sigma^2} + \cdots + \frac{(x_n - \bar{x})^2}{\sigma^2} \quad\text{①}$$

将V做成另外的统计量W。

实际上，这个W也是卡方分布，但在此之前让我们先来解说一下，W与样本方差s^2成正比。

样本方差s^2

$$s^2 = \frac{(x_1 - \bar{x})^2 + (x_2 - \bar{x})^2 + \cdots + (x_n - \bar{x})^2}{n} \quad\text{②}$$

这里请注意（1）和（2）的分子一致。因此将样本方差乘以数据数n进行通分后的式子与将W乘以总体方差σ^2进行通分后的式子相同。即可得关系式。

将样本方差s^2乘以数据数n=将W乘以总体方差σ^2

$n \times s^2 = \sigma^2 \times W$

概括地说，W是与样本方差成正比的统计量。因此W并不是什么新奇的统计量，只是从样本方差稍作加工而来的。总结起来，

样本方差和W的关系式
① 样本方差$s^2 = W \times$（总体方差σ^2）$\div n$；
② $W =$（样本方差s^2）$\times n \div$（总体方差σ^2）。

18.2 样本方差的卡方分布自由度下降1

前面也讲过，实际上，可以证明［（样本）－（样本均值）］的平方÷（总体方差）的和所得的统计量W恰好也呈卡方分布。但是，自由度不是数据数，是"数据数减去1"，这与V不同。总结法则为，

由一般正态母群体作卡方分布W的方法
从总体均值μ、总体标准差σ的正态母群体中观测n个样本x_1、x_2、$\cdots x_n$，作$W = $［（样本）－（样本均值）］的平方÷（总体方差）的和

$$= \frac{(x_1 - \bar{x})^2}{\sigma^2} + \frac{(x_2 - \bar{x})^2}{\sigma^2} + \cdots + \frac{(x_n - \bar{x})^2}{\sigma^2}$$

W是呈自由度（$n-1$）卡方分布的统计量。

重点只有一个，就是由n个样本得来，但自由度"$n-1$"比数据数n只小1。为了那些对"为什么会这样"感兴趣的人，我们在"补充"里准备了大致的说明。在意的读者可以去看一下，但这可能会稍有些难，而不读也并不影响什么。我们只是单纯使用统计学的人，所以直接信任数学家的成果并向前推进也是一种正确的姿态。让我们将现在的法则重新用来解释样本方差。

前文中解说了这个统计量W是与样本方差成正比的，所以已知样本方差时，由其可作呈卡方分布的量。

由一般正态母群体的样本方差作卡方分布W的方法：

从总体均值μ、总体标准差σ的正态母群体观测n个样本计算所得的样本方差为s^2时，

作$W=$（样本方差s^2）$\times n \div$（总体方差σ^2），得W是呈自由度（$n-1$）卡方分布的统计量（如图18-1）。

样本方差（s^2）与W的关系式

$$\frac{(ns^2)}{\sigma^2} = W \quad 即 \quad \frac{（数据数）\times（样本方差）}{总体方差} = W$$

这里，已知W为自由度（$n-1$）的卡方分布，样本方差也可大致看作卡方分布（实际上，两者只有常数倍的差别）。

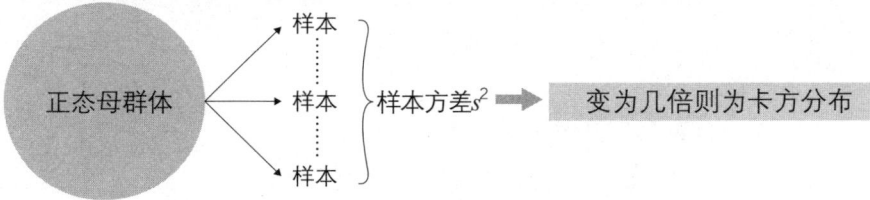

图18-1　样本方差是卡方分布的亲戚

最后，让我们用例题来掌握统计量W。

例题

从正态母群体观测的样本是1、5、7、9、13。计算此时的统计量W。另外，它是什么样分布中的数据呢？

解答

求W的步骤

正态母群体中的5个数据1、5、7、9、13。

样本均值$x = \dfrac{1+5+7+9+13}{5} = 7$

样本方差

$$s^2 = \dfrac{(1-7)^2 + (5-7)^2 + (7-7)^2 + (9-7)^2 + (13-7)^2}{5}$$

$$= \dfrac{(-6)^2 + (-2)^2 + 0^2 + 2^2 + 6^2}{5}$$

$$= \dfrac{80}{5}$$

$$= 16$$

（样本标准差$s=4$）

因此

$W = \dfrac{ns^2}{\sigma^2} = \dfrac{5 \times 16}{\sigma^2} = \dfrac{80}{\sigma^2}$ 这是自由度（5-1）=4的卡方分布。

或者可以直接如下求解。

$$W = \dfrac{(1-7)^2 + (5-7)^2 + (7-7)^2 + (9-7)^2 + (13-7)^2}{\sigma^2} = \dfrac{80}{\sigma^2}$$

总结

① 新统计量W如下定义。

W=［（样本）−（样本均值）］的平方÷（总体方差）的和

$$=\frac{(x_1-\overline{x})^2}{\sigma^2}+\frac{(x_2-\overline{x})^2}{\sigma^2}+\cdots+\frac{(x_n-\overline{x})^2}{\sigma^2}$$

② 样本方差和W的关系式。

（i）样本方差s^2=W×（总体方差σ^2）÷n

（ii）W=（样本方差s^2）×（数据数n）÷（总体方差σ^2）

③ 由一般正态母群体作卡方分布的方法。

从总体均值为μ、总体标准差为σ的正态母群体中观测n个样本x_1、x_2、$\cdots x_n$，作

W=［（样本）−（样本均值）］的平方÷（总体方差）的和

$$=\frac{(x_1-\overline{x})^2}{\sigma^2}+\frac{(x_2-\overline{x})^2}{\sigma^2}+\cdots+\frac{(x_n-\overline{x})^2}{\sigma^2}$$

得W是呈自由度（n−1）卡方分布的统计量。

④ 由一般正态母群体的样本方差作卡方分布W的方法。

从总体均值为μ，总体标准差σ的正态母群体观测n个样本计算得样本方差s^2时，作

W=（样本方差s^2）×（数据数n）÷（总体方差σ^2）

得W是呈自由度（n−1）卡方分布的统计量。

练习题

从正态母群体中抽取4个数据，3、9、11、17。

此时，样本均值$\overline{x}$=（   ）

下面，来计算样本方差。

$$s^2=\frac{(\quad)^2+(\quad)^2+(\quad)^2+(\quad)^2}{(\quad)}=(\quad)$$

因此，样本标准差 $s=$（　　）。

下面使用总体方差 σ^2 计算 W。

$$W = \frac{ns^2}{\sigma^2} = \frac{(\quad) \times (\quad)}{\sigma^2} = \frac{(\quad)}{\sigma^2}$$

这个 W 是呈自由度（　　）卡方分布的数据。

【补充】W 的自由度只比 V 低 1 的理由

两个统计量 V 和 W，被这样定义。

$$V = \frac{(x_1 - \mu)^2}{\sigma^2} + \frac{(x_2 - \mu)^2}{\sigma^2} + \cdots + \frac{(x_n - \mu)^2}{\sigma^2}$$

$$W = \frac{(x_1 - \bar{x})^2}{\sigma^2} + \frac{(x_2 - \bar{x})^2}{\sigma^2} + \cdots + \frac{(x_n - \bar{x})^2}{\sigma^2}$$

其不同是减去总体均值 μ 还是样本均值 $\bar{x}$。

V 正是根据这个计算作标准正态分布数据的平方和，所以符合卡方分布的定义，但 W 减去的 $\bar{x}$ 是不同的，所以是不是标准正态分布就清楚了。

但如果将 W 适当变形，就可以判明它是"标准正态分布数据的平方和"，不过这一般需要使用夸张的数学道具进行公式变形，所以这里我们就进行一下简单的计算，让大家体会一下。

我们来试着作一下两个样本情况的公式变形。

观测样本为 x_1 和 x_2。这样，样本均值为

$$\bar{x} = \frac{(x_1 + x_2)}{2}$$

此时，计算（样本）-（样本均值）=（偏差），得

$$x_1 - \bar{x} = x_1 - \frac{(x_1 + x_2)}{2} = \frac{(x_1 - x_2)}{2}$$

$$x_2 - \bar{x} = x_2 - \frac{(x_1 + x_2)}{2} = \frac{(x_2 - x_1)}{2}$$

作其平方的和，除以总体方差 σ^2 就是 W，

$$\text{平方的和} = \left[\frac{(x_1 - x_2)}{2}\right]^2 + \left[\frac{(x_2 - x_1)}{2}\right]^2 = \frac{(2x_1^2 - 4x_1x_2 + 2x_2^2)}{4}$$

$$= \frac{(x_1 - x_2)^2}{2}$$

$$W = \frac{(x_1 - x_2)^2}{2\sigma^2} = \frac{[(x_1) + (-x_2)]^2}{2\sigma^2} = \left[\frac{(x_1) + (-x_2)}{\sqrt{2}\sigma}\right]^2$$

这个公式中 x_1 的分布是平均值为 μ 的正态分布, $-x_2$ 的分布是平均值为 $(-\mu)$ 的正态分布, 所以相加合并 $(x_1)+(-x_2)$ 是平均值为 0 的正态分布 (本书没有对此进行证明, 但使用了 "和的平均值=平均值的和" 这一法则)。

更进一步, x_1 的分布是方差为 σ^2 的正态分布, $-x_2$ 的分布也是方差为 σ^2 的正态分布, 因此相加合并 $(x_2)+(-x_2)$, 方差为 $2\sigma^2$ 即 S.D. 为 $\sqrt{2}\sigma$ 的正态分布 (本书没有对此进行证明, 但使用了 "和的方差=方差的和" 这一法则)。

因此, 从 $(x_1)+(-x_2)$ 减去平均值 0, 除以 S.D. 的 $\sqrt{2}\sigma$ 得 $\frac{(x_1)+(-x_2)}{\sqrt{2}\sigma}$, 可知是标准正态分布。据此, 可将其平方所得的 W 是自由度 2 的卡方分布。

这里原有的数据数为两个, 但请注意自由度减1。这处 "机关" 大概解释如下:

"W 为什么是卡方分布呢?" 因为将 W 变形, 进行样本的减法, 减去的平均值为 0, 这与从 V 中减去总体均值是同样的效果 (平均值为 0 的效果)。其次, "W 的自由度为什么只比数据数少1呢?" 因为将 $W=(\ )^2+(\ )^2$ 变形为 V, 成为 $(\ )^2$。即 $(\ )^2+\cdots+(\ )^2$ 的平方的个数只少1个。

以上内容在不是两个而是一般的 n 个的情况下也可进行大致相同的论证, 但那时, 具体的计算就不能仅用手来完成, 而需要更强有力的数学武器了。

第19章 即使未知总体均值仍能推算总体方差
—— 总体均值未知时对正态母群体进行区间估计

19.1 未知总体均值推算总体方差

第18章弄清了与样本方差s^2成正比的统计量W呈卡方分布。样本方差的计算中不使用总体均值μ，而是使用样本均值$\bar{x}$，因为使用了W的分布，所以总体均值未知也没关系。

就是说，是"关于正态母群体，不假设任何多余的知识而进行估计"的方法。

本章会解说"由总体均值和总体方差都未知的正态母群体中的样本来估计总体方差（或总体标准差）"这一区间估计的方法。

感觉灵敏的读者，可能会有下述疑问：

"为什么要先作总体方差，先估计总体均值不是更理所应当吗？"

确实如此。总体均值是基本的总体参数，所以大家很想先来求它。但实际上，现阶段我们学习到（只知道正态分布和卡方分布的阶段）的知识还不足以求它。为了估计总体均值，有必要学习t分布这一新的分布。这会在第20章、第21章中进行解说。

在到现在为止的讲解中大家可以明白，从正态母群体观测到的n个样本，可作样本方差s^2，将其变换为W这一呈自由度（$n-1$）卡方分布的统计量。

关于卡方分布，已知95%预测命中区间，所以可以据此进行总体方差的区间估计。操作步骤如下。

步骤①

首先从n个观测数据计算样本均值$\bar{x}$。

其次使用它作偏差，将其平方再除以n，计算样本方差s^2。

步骤②

样本方差s^2乘以n除以总体方差σ^2作统计量W。

步骤③

确认自由度（$n-1$）的95%预测命中区间。

步骤④

保留能使W进入步骤3的区间内的σ^2，舍掉不能的σ^2，求总体方差σ^2的95%置信区间。

马上可以看出，步骤1和步骤2中，有除以n再乘以n这一多余的计算，所以为了实用可以将其合并为下面的顺序。

步骤①+②

首先从n个观测数据计算样本均值$\bar{x}$。其次使用它作偏差，将其平方求和再除以总体方差σ^2，作统计量W。

根据这个步骤，终于实现了"估计除正态分布外其他都未知的母群体的总体参数"。之所以使实现成为可能，是因为搞清了使用样本均值也可得卡方分布的统计量W。

19.2 估计总体方差的具体例子

那么,让我们举一个使用W估计总体方差的具体例子。

例题

某蝴蝶体长为正态母群体。观测的5个个体体长为76mm、85mm、82mm、80mm、77mm时,求总体方差σ^2的95%置信区间。

解答

想要估计包含总体方差σ^2的统计量W,要进行如下步骤。由观测的5个数据进行计算,可得其为自由度(5-1)=4的卡方分布。舍弃不能使这个W的数值进入95%预测命中区间的σ^2,保留的σ^2即为估计结果。

让我们来做一下。

步骤①

计算样本均值。

$$\bar{x} = \frac{76+85+82+80+77}{5} = 80$$

计算样本方差。

$$s^2 = \frac{(-4)^2+(+5)^2+(+2)^2+0^2+(-3)^2}{5} = 10.8$$

步骤②

作W。

$$W = \frac{ns^2}{\sigma^2} = \frac{5 \times 10.8}{\sigma^2} = \frac{54}{\sigma^2}$$

步骤③

自由度(5-1)=4卡方分布的95%预测命中区间,根据第17章中图17-1为

0.4844～11.1433。

步骤④

解不等式。

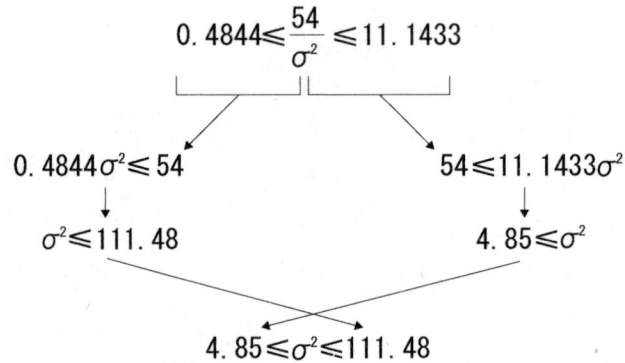

据此,可得蝴蝶体长总体方差的95%置信区间为

$4.85 \leq \sigma^2 \leq 111.48$

认为在这一解答中,"数值有点太大了吧"的读者,是因为忘记了这是"方差"。

表示蝴蝶体长距平均值多远扩散的指标总体标准差,对总体方差开方可得

$\sqrt{4.85} \leq \sigma \leq \sqrt{111.48}$

用计算器计算可估计总体标准差为

$2.2 \leq \sigma \leq 10.6$

总结

> 总体均值对未知的正态母群体的总体方差进行区间估计的方法：
> **步骤①** 首先从n个观测数据计算样本均值$\bar{x}$。其次使用它作偏差，将其平方和除以n，计算样本方差s^2。
> **步骤②** 样本方差s^2乘以n再除以总体方差σ^2作统计量W。
> **步骤③** 确认自由度（n−1）的95%预测命中区间。
> **步骤④** 保留能使W进入步骤3区间的σ^2，舍掉不能的，求总体方差σ^2的95%置信区间。

---- ● 练习题 ● ----

某蝴蝶体长是正态母群体。观测到的4个个体体长为76mm、77mm、83mm、84mm。此时，求总体方差σ^2的95%置信区间。

首先，样本均值为（　）。其次计算样本方差。

$$s^2 = \frac{[(\ )-(\ )]^2+[(\ )-(\ )]^2+[(\ )-(\ )]^2+[(\ )-(\ )]^2}{(\ )}$$

$$= \frac{(\ )^2+(\ )^2+(\ )^2+(\ )^2}{(\ )} = (\ )$$

再计算W。

$$W = \frac{(\ )}{\sigma^2}$$

W是呈自由度（　）的卡方分布，所以求满足

$$(\ ) \leq \frac{(\ )}{\sigma^2} \leq (\ )$$ 的σ^2。

解得

$$\frac{(\ )}{(\ )} \leq \sigma^2 \leq \frac{(\ )}{(\ )}$$

因此，95%置信区间为

$$(\ ) \leq \sigma^2 \leq (\ )。$$

第20章　t分布登场
——总体均值以外的以"实际观测样本"可计算的统计量

20.1 终于登场的t分布

第19章提到关于总体方差我们可以进行自然估计。这是在只有母群体是正态分布这一知识的基础上，能够估计表现母群体特性的重要总体参数、总体方差σ^2（或者总体标准差σ）的技术。

不管怎样让我们先回顾一下这是否可能。

正态母群体中具体观测n个数据x_1、x_2、$\cdots x_n$时，它们的样本均值$\bar{x}$是可以根据这些数据简单计算出的统计量。因此，n个的偏差$x_1 - \bar{x}$、$x_2 - \bar{x}$、$\cdots$ $x_n - \bar{x}$也是可以具体地只由数据计算而得的统计量。

就是说，除总体方差σ^2以外，对于只用现实观测样本可以计算的统计量，可以清楚地找出其分布。所以可以顺利进行。

那么，同样只凭借母群体是正态分布这一知识，可以估计出表达母群体特性的另一重要总体参数总体均值μ吗？

根据上述分析可知，除总体均值μ以外，如能对只用现实观测样本可以计算的统计量，清楚找出其分布，就能顺利做到。发现这一统计量的，是英国化学家戈塞特。在向学术杂志投稿时,他使用了"学生"这一谦虚的笔名,所以现在这一统计量由"学生的t分布"而得名"T"统计量。统计量T是什么样的?

统计量T按照以下顺序进行计算。

由正态母群体具体观测n个数据 x_1、x_2、$\cdots x_n$。

步骤①

计算n个数据的样本均值$\bar{x}$。

(前面说明过$\bar{x} = \dfrac{x_1 + x_2 + \cdots + x_n}{n}$的计算)

步骤②

计算n个数据的样本标准差s。

(前面说明过$s = \sqrt{\dfrac{(x_1 - \bar{x})^2 + (x_2 - \bar{x})^2 + \cdots + (x_n - \bar{x})^2}{n}}$)

步骤③

从样本均值$\bar{x}$中减去总体均值μ,除以样本标准差s,乘以数据数减去1的数值开方后的$\sqrt{n-1}$,即为统计量T。

$$T = \dfrac{(\bar{x} - \mu)\sqrt{n-1}}{s} \quad\quad ①$$

以上计算出的就是T这一统计量,由此计算过程可知,总体均值μ以外都是只由观测数据计算而得的。因此,如果能够清楚T的分布,就可以作95%预测命中区间,加以利用就可以进行总体均值μ(总体方差σ^2和总体标准差σ未知)的区间估计。

这里稍稍解说一下"统计量T的内涵"。14.1中解说过,从总体均值为μ、总体标准差为σ的正态母群体观测到的n个数据x_1、x_2、$\cdots x_n$的样本均值$\bar{x}$的分布,服从平均值为μ、标准差为$\dfrac{\sigma}{\sqrt{n}}$的正态分布。因此,从$\bar{x}$中减去平均值μ,除以标准差$\dfrac{\sigma}{\sqrt{n}}$的统计量$z = \dfrac{(\bar{x} - \mu)}{\dfrac{\sigma}{\sqrt{n}}}$服从正态标准分布,如果已知$\sigma$就可进行区间估计(参照第15章)。

但是，母群体一般是总体标准差 σ 未知的情况。因此，在戈塞特以前的学者们，以样本标准差 s 代替 σ，作统计量 $\dfrac{(\bar{x}-\mu)}{\frac{s}{\sqrt{n}}} = \dfrac{(\bar{x}-\mu)\sqrt{n}}{s}$，以相同的方法来估计 μ。

确实，以 s 代替 σ，如果样本数 n 大，那么也可看作是正态分布，所以这是正确的估计，没有问题。

但戈塞特发现，如果样本数 n 小，就会产生作为正态分布不能无视的大的偏差。

于是，为了正确求此分布，他进行了不懈的努力，最后终于发现了 t 分布。（①中统计量 T 的分子，根号内不是 n 而是 $n-1$，这是与自由度相关的，但不必太介意这些琐碎的内容。）

话说回来，T 分布的正式定义，实际上与①的统计量 T 不同。正式的定义是由"标准正态分布"和"卡方分布"而来的，而它是什么样的，又是如何与现在①公式中的 T 的计算相一致的，关于这些，会在 20.4 中说明。

20.2 t 分布的直方图

统计量 $T = \dfrac{(\bar{x}-\mu)\sqrt{n-1}}{s}$ 的分布称为"自由度 $n-1$ 的 t 分布"。此分布非常近似于正态分布，直方图（因为是连续的所以是曲线）如图 20-1。

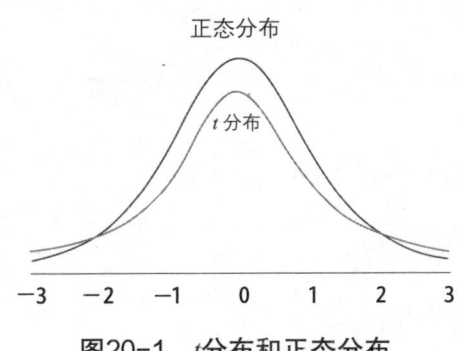

图 20-1　t 分布和正态分布

这一图与正态分布的图几乎一模一样,是比正态分布稍微缓和的山形。也就是说,比正态分布的顶点略低,而山脚位置高。

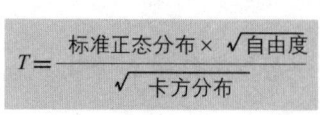

这样加工数据,T就为t分布的特殊分布

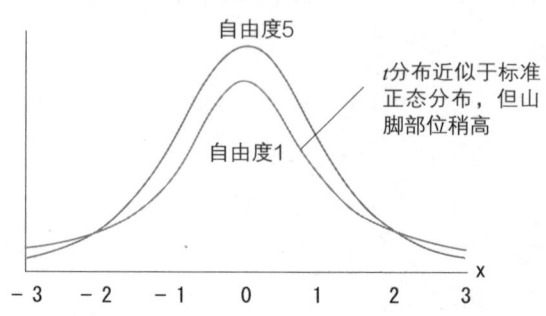

图20-2 t分布是什么样的分布

另外,看图20-2可以明白,随着自由度(样本数-1)增大,山形渐渐增高(0附近相对频数变大)。

对于t分布的相对频数,戈塞特和其他的数学家进行了正确地计算。因此,与正态分布、卡方分布相同,也可作95%预测命中区间。关于这个将在后面的第21章进行解说。

20.3 统计量T的计算

下面讲一下统计量T具体的计算例子(这里为了方便,设定总体均值μ已知。当然,下一章进行的区间估计是估计"未知的μ,所以实际上应该是未知的")。

例题

从总体均值$\mu=6$的正态母群体中观测5个数据1、5、7、9、13。此时,来计算统计量T。

步骤①

计算5个数据的样本均值$\bar{x}$。

$$\bar{x} = \frac{1+5+7+9+13}{5} = 7$$

步骤 ②

计算5个数据的样本标准差 s。

$$s^2 = \frac{(1-7)^2 + (5-7)^2 + (7-7)^2 + (9-7)^2 + (13-7)^2}{5}$$

$$= \frac{(-6)^2 + (-2)^2 + 0^2 + 2^2 + 6^2}{5} = \frac{80}{5} = 16$$

$$s = \sqrt{16} = 4$$

步骤 ③

计算统计量 T。

$$T = \frac{(\bar{x} - \mu)\sqrt{n-1}}{s} = \frac{(7-6)\sqrt{5-1}}{4} = 0.5$$

这样就可以计算出统计量 T 了。

20.4 关于 t 分布的正式定义

t 分布的定义

由呈标准正态分布的数据 z 和（独立的）呈自由度 k 卡方分布的数据 W，通过

$$T = \frac{z\sqrt{k}}{\sqrt{W}} \quad\text{②}$$

= (标准正态分布的数据 z) × $\sqrt{(W\text{的自由度}k)}$ ÷ $\sqrt{(\text{卡方分布}W)}$

计算得统计量 T 是自由度 k 的 t 分布。

用语言来说明就是，如果有标准正态分布数据和卡方分布数据，将前者除以后者的根，再乘以后者自由度的根，就是 t 分布（此时无需在意"独立"这一条件）。让我们用具体的计算来看一下由20.1的①式定义的统计量 T，是上面②式定义的 T 的一种。

正态母群体的总体均值为 μ，总体方差为 σ^2。此时，由 n 个样本计算出的

样本均值$\bar{x}$，服从平均值为μ、标准差为$\frac{\sigma}{\sqrt{n}}$的正态分布。

因此，从样本均值中减去其平均值μ，再除以其标准偏差$\frac{\sigma}{\sqrt{n}}$得

$$U = \frac{(\bar{x} - \mu)}{\frac{\sigma}{\sqrt{n}}} \quad\text{———（1）}$$

是服从标准正态分布的统计量。

另一方面，第18章18-2解说了样本方差s^2乘以数据数n再除以总体方差σ^2得

$$W = \frac{ns^2}{\sigma^2} \quad\text{———（2）}$$

是服从自由度（$n-1$）的卡方分布。

因此，将（1）得到的服从标准正态分布的U和（2）得到的服从卡方分布的W代入（t分布的定义）的指定位置得到的T，服从t分布。

代入后具体的计算如图20-3。

$$\frac{U\sqrt{n-1}}{\sqrt{W}} = \frac{\left(\frac{\bar{x}-\mu}{\sigma/\sqrt{n}}\right)\sqrt{n-1}}{\sqrt{\frac{s^2 n}{\sigma^2}}}$$

$$= \left(\frac{\bar{x}-\mu}{\sigma/\sqrt{n}}\right)\sqrt{n-1}\,\frac{\sigma}{s\sqrt{n}}$$

$$= \frac{(\bar{x}-\mu)\sqrt{n-1}}{s}$$

图 20-3 t分布的计算式

虽然计算起来很繁琐，但将$\frac{(\bar{x}-\mu)\sqrt{n-1}}{s}$变形，可以确认确实与=（标准正态分布的数据$z$）×$\sqrt{(W\text{的自由度}_k)}$÷$\sqrt{(\text{卡方分布}\,W)}$形式的计算相同。这个计算最重要的是，$U$和$W$都包含总体方差$\sigma$，将$\sigma$约分可以消掉。据此可以得到不含$\sigma$只含$\mu$的统计量。

总结

① 由总体均值μ和样本得统计量T的计算

设总体均值为μ的正态母群体中的n个样本的样本均值为$\bar{x}$，样本标准差为s，计算得

$$T = \frac{(\bar{x} - \mu)\sqrt{n-1}}{s}$$

=（样本均值-总体均值）÷（样本标准差）×$\sqrt{自由度}$

服从自由度（n-1）的t分布。

② t分布是清楚相对频数的分布。虽然与正态分布几乎是同样的形状，但与正态分布相比，t分布是更缓和的山形。即顶端略低，山脚略高。

练习题

抽取总体均值μ=12的正态母群体中的4个数据

3、9、11、17。

按照以下顺序，计算T的值。

样本均值 $\bar{x}$ =（　　）

其次，计算样本方差s^2。

$s^2 = \dfrac{[(\ ) - (\ )]^2 + [(\ ) - (\ )]^2 + [(\ ) - (\ )]^2 + [(\ ) - (\ )]^2}{(\ )}$

=（　　　　）

因此，样本标准差s=（　　）。

然后计算T的值。

$T = \dfrac{(\bar{x} - \mu)\sqrt{n-1}}{s} = \dfrac{(\ )\sqrt{(\ )}}{(\ )}$。

Column

t 分布的发现是拜健力士啤酒所赐

发现 t 分布并实现小样本自然估计可能性的化学家戈塞特,从牛津大学毕业后,在著名的啤酒公司健力士公司工作。他在健力士公司从事啤酒的管理和开发研究,因要分析大麦和啤酒花等啤酒原材料与制造条件的关系,又因无法取大样本数,所以他对小样本估计技术的必要性深有体会。

戈塞特通过苦苦研究,发现了 t 分布的方法,并以"学生"这一谦虚的笔名投出了论文。这在现在看来是划时代的发现,但当时并未受到十分的关注。实际上,当时意识到这个结果重要性的,是统计学鼻祖罗纳德·费希尔。据说戈塞特也将 t 分布的表邮寄给了费希尔,并注上"想用这个表的人只有你"。而据说费希尔对戈塞特的评价是"统计学的法拉第(英国物理学家、化学家,1791—1867)",可见他对戈塞特的这一发现是有着怎样的理解。

虽然当时并未获得大多数人的关注,但现在,t 分布却是任何统计学教科书都不可欠缺的。可以说 t 分布被人们接受的故事是昭示科学发现的价值被承认需要怎样的时间和过程的一个小插曲。

第21章 根据t分布进行区间估计
——未知总体方差时以正态母群体推算总体均值

21.1 最自然的区间估计——t分布

至此我们走了很长的路。读者们也许是一路遭遇挫折，才终于到达了这里。

第20章提到过t分布，而推论统计中最自然、最实用、最常用的方法，现在就在我们眼前。这就是"只知道母群体是正态分布这一知识的情况下，在母群体未知的状态中以少数样本来估计总体均值"这一方法。操作方法如下。

观测正态母群体中n个样本时，作统计量

$T=$（样本均值-总体均值）÷（样本标准差）$\times \sqrt{n-1}$

通过第20章的说明可知，它是可以完全把握相对频数的t分布。

因此，可作95%预测命中区间，利用其可进行检验和区间估计。

图21-1给出了t分布的95%预测命中区间。比如自由度为10时，读出"自由度10"相邻的数字2.228。

可求得95%预测命中区间为以0为轴的对称区间

$-2.228 \leq T \leq 2.228$

即要预测服从"自由度10"t分布的数据T，预测−2.228 ≤ T ≤ 2.228的范围，会95%命中。

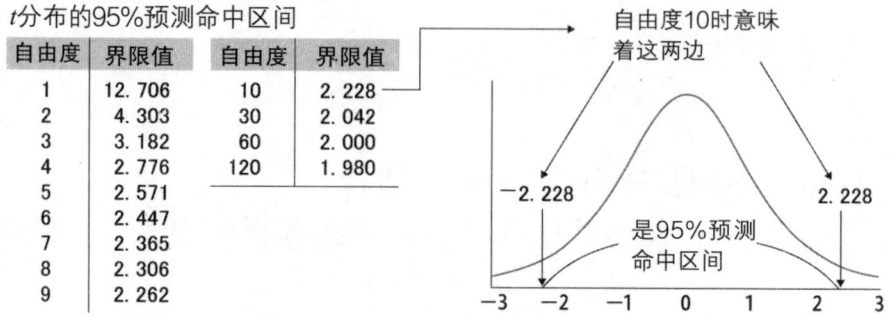

t分布的95%预测命中区间

自由度	界限值	自由度	界限值
1	12.706	10	2.228
2	4.303	30	2.042
3	3.182	60	2.000
4	2.776	120	1.980
5	2.571		
6	2.447		
7	2.365		
8	2.306		
9	2.262		

如果自由度到达120，界限值为1.98接近1.96，这意味着自由度增大t分布接近正态分布

图21-1　t分布的预测命中区间

T关于母群体的信息只包含总体均值μ。

因此，在得到具体样本的基础上，假设某个总体均值μ的数值，可以计算统计量T。计算所得的T的数值如不在95%预测命中区间，舍弃μ。这是"检验"的思路（如图21-2）。

为了具体讲解，我们再看一下第20章20.3的例题。

现在，设1、5、7、9、13这5个样本是由正态母群体得到的。此时，检验这个母群体的总体均值μ为6是不是妥当的假设。

为此，在$\mu=6$的基础上计算统计量T。已知T服从自由度（5−1=）4的t分布。计算结果为0.5。于是，我们来看一下这个$T = 0.5$是否在95%预测命中区间（就是说，思考在已知$\mu=6$的情况下预测T的值的范围，而$T = 0.5$能否在此预测范围中）。

由图21-1可知，自由度4的t分布的95%预测命中区间为$-2.776 \leq T \leq +2.776$，$T=0.5$在此范围内。

就是说，假设的$\mu=6$是可以充分预测由5个样本计算而得的T的，所以不是要舍弃的奇异假设，而应保留。

以上操作叫作"t 检验"。而且，表示此t检验产生的μ的范围的是总体均值μ的"95%置信区间"。

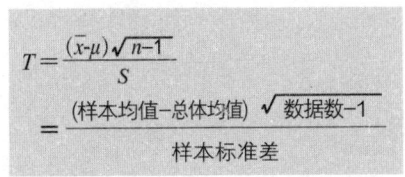

进行的数据加工，可知它是自由度$n-1$的t分布

而且，可认定它在t分布的95%预测命中区间而进行估计

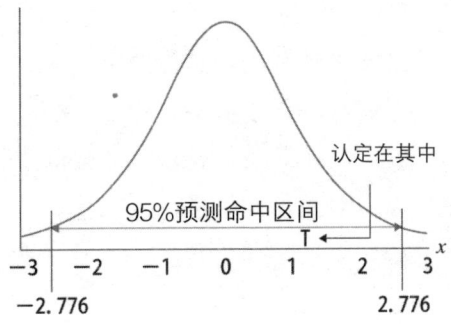

图21-2　t检验

21.2 根据t分布的区间估计方法

以上内容大致解说了使用t分布进行总体均值估计方法的思路。当然，这与"使用t分布"以外的，前面解说过的使用正态分布和卡方分布的方法本身没有什么不同。那么，让我们像通常一样来分步骤总结一下使用t分布对总体均值μ进行区间估计的方法。

步骤①

从所得的n个样本计算样本均值$\bar{x}$和样本标准差s。

步骤②

使用样本均值$\bar{x}$、样本标准差s和想要估计的总体均值μ，如下计算服从自由度$n-1$的t分布的统计量T。

$$T = (\bar{x} - \mu) \div s \times \sqrt{n-1}$$

步骤③

在图21-1中查自由度$n-1$的95%预测命中区间，作$-\alpha \leq T \leq +\alpha$这一95%预测命中区间。

步骤 ④

解 $-\alpha \leqslant \dfrac{(\bar{x}-\mu)\sqrt{n-1}}{s} \leqslant +\alpha$ 中的 μ，则为95%置信区间。

那么，让我们用具体的例子来试一下。

某蝴蝶的体长如下：

76mm、85mm、82mm、83mm、76mm、78mm

试着对总体均值进行区间估计。

样本均值为 $\bar{x} = \dfrac{76+85+82+83+76+78}{6} = 80$

样本方差为 $s^2 = \dfrac{(-4)^2+5^2+2^2+3^2+(-4)^2+(-2)^2}{6} = 12.33$

样本标准差为 $s = \sqrt{12.33} = 3.51$

自由度（6-1=）5的95%预测命中区间为

$-2.571 \leqslant T \leqslant +2.571$。

设不等式

$-2.571 \leqslant \dfrac{(80-\mu)\sqrt{5}}{3.51} \leqslant +2.571$

解不等式

$-2.571 \leqslant (80-\mu) \times 0.637 \leqslant +2.571 \leftarrow$ 计算 $\sqrt{5} \div 3.51$

$-4.036 \leqslant (80-\mu) \leqslant 4.036 \leftarrow$ 计算 $2.571 \div 0.637$

$\mu - 4.036 \leqslant 80 \leqslant \mu + 4.036$

$75.964 \leqslant \mu \leqslant 80.036 \leftarrow$ 估计的结果

根据以上内容，从已知正态分布的母群体中的少数观测数据，可得对其母群体平均值的总体均值 μ 进行区间估计的方法。

而且，这是只使用第1部分最初导入的，为了搞清样本均值和样本标准差（S.D.）数据特性的基本统计量就可以做到的，真是完美的结果。

总结

① $T=$（样本均值−总体均值）÷（样本标准差）$\times \sqrt{n-1}$ 是服从自由度 $n-1$ 的 t 分布

② 利用 t 分布估计正态母群体的总体均值的方法：

步骤①
从所得的 n 个样本计算样本均值 $\bar{x}$ 和样本标准差 s。

步骤②
使用样本均值 $\bar{x}$、样本标准差 s 和想要估计的总体均值 μ，按照如下计算服从自由度 $n-1$ 的 t 分布的统计量 T。

$$T = (\bar{x} - \mu) \div s \times \sqrt{n-1}$$

步骤③
在图 21-1 查自由度 $n-1$ 的 95% 预测命中区间，作 $-\alpha \leq T \leq +\alpha$ 这样的预测区间。

步骤④
解 $-\alpha \leq \dfrac{(\bar{x} - \mu)\sqrt{n-1}}{s} \leq +\alpha$ 中的 μ，即为 95% 置信区间。

● 练习题 ●

某日本居酒屋的店主想进行营业额的预测。店主将营业额看作正态母群体中的观测数据，想要估计作为营业额代表的总体均值 μ。从发票中随机抽取 8 枚，出现了如下数字：

45、39、42、57、28、33、40、52（单位为万日元）

按照以下的顺序对总体均值 μ 进行区间估计：

首先，样本均值 $\bar{x} = ($　　$)$。其次，计算样本方差。

$$s^2 = \frac{(\quad)^2+(\quad)^2+(\quad)^2+(\quad)^2+(\quad)^2+(\quad)^2+(\quad)^2+(\quad)^2}{(\quad)}$$

$$=(\quad)$$

因此，样本标准差 $s=(\quad)$

那么计算 T。

$$T = \frac{[(\quad)-\mu]\sqrt{(\quad)-1}}{(\quad)} = [(\quad)-\mu]\times(\quad)$$

T 服从自由度（　）的 t 分布，所以可求满足

$(\quad) \leq [(\quad)-\mu]\times(\quad) \leq (\quad)$

$(\quad) \leq (\quad)-\mu \leq (\quad)$

因此，95%置信区间为

$(\quad) \leq \mu \leq (\quad)$。

练习题答案

第1章

①

分组	组值	频数	相对频数	累计频数
36~40	38	3	0.0375	3
41~45	43	11	0.1375	14
46~50	48	33	0.4125	47
51~55	53	19	0.2375	66
56~60	58	7	0.0875	73
61~65	63	5	0.0625	78
66~70	68	2	0.025	80

②

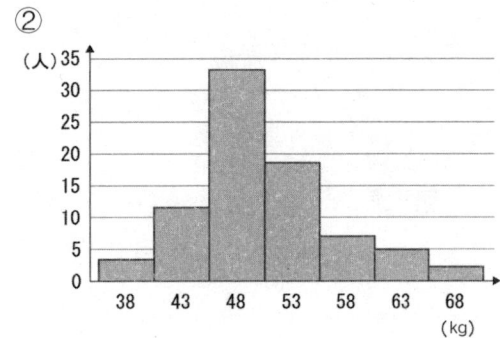

第2章

组值	频数	相对频数	组值×相对频数
30	5	0.05	1.5
50	10	0.1	5
70	15	0.15	10.5
90	40	0.4	36
110	20	0.2	22
130	10	0.1	13
			合计（平均值） 88

第3章

步骤1：5

步骤2：+1、-1、+1、+1、+1、-2、+2、-3、-3、+3

步骤3：+1、+1、+1、+1、+1、+4、+4、+9、+9、+9　平均值　4

步骤4：$\sqrt{4} = 2$

第4章

①1、不能这样说

②2.5、可以这样说

第5章

① 6、6、-4、8　② 6、14、6、-10　③ -5、19、1、7、B、7、A、19

第6章

① 0.44　② 5.5

第7章

① 600、100、600、100、400、800　② 50、5、50、5、40、60

第8章

$\dfrac{x - (160)}{(10)}$、140.4、179.6

第9章

100、50、$\sqrt{100}$、5、$\dfrac{x-(50)}{(5)}$、−9.8、50、+9.8、40.2、59.8、在、不被舍弃

第10章

$\dfrac{(130)-\mu}{(6)}$、−11.76、130、+11.76、118.24、141.76

第11章

①

数字	相对频数	数字×相对频数
3	0.3	0.9
5	0.3	1.5
6	0.2	1.2
9	0.2	1.8
合计		5.4

② 总体均值 μ=5.4

③
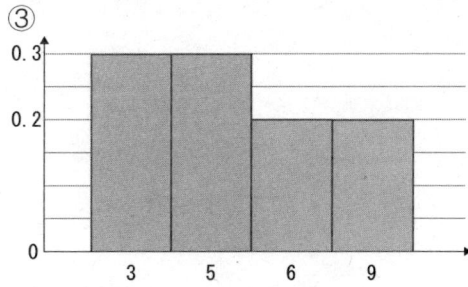

第12章

①

数字	相对频数	数字×相对频数
11	0.3	3.3
9	0.3	2.7
4	0.2	0.8
1	0.2	0.2
合计		7

总体均值 $\mu=7$

②

数字	偏差	偏差的平方	相对频数	偏差的平方×相对频数
11	4	16	0.3	4.8
9	2	4	0.3	1.2
4	−3	9	0.2	1.8
1	−6	36	0.2	7.2

15、15、3.87

第13章

①

	1	2	3	4
1	1	1.5	2	2.5
2	1.5	2	2.5	3
3	2	2.5	3	3.5
4	2.5	3	3.5	4

② 1、2、3、4、3、2、1

③

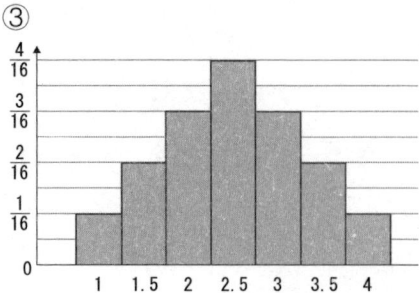

第14章

① 160、10、160、10、140.4、179.6

② 160、$10/\sqrt{4}$、160、$10/\sqrt{4}$、150.2、169.8

③ 160、$10/\sqrt{25}$、160、$10/\sqrt{25}$、156.08、163.92

第15章

① $\frac{(130)-\mu}{(10)}$、110.4、149.6

② 136、$\sqrt{4}$、5、$\frac{(136)-\mu}{(5)}$、126.2、145.8

第16章

0.5724、0.0718、0.5724、0.0718、0.5006

第17章

76、80、77、80、83、80、84、80、16、9、9、16、50、4、0.4844、50、11.1433、50、11.1433、50、0.4844、4.487、103.220

第18章

10、−7、−1、+1、+7、4、25、5、4、25、100、3

第19章

80、76、80、77、80、83、80、84、80、4、−4、−3、+3、+4、4、

12.5、50、3、0.2157、50、9.3484、50、9.3484、50、0.2157、5.34、231.80

第20章

10、3、10、9、10、11、10、17、10、4、25、5、−2、3、5、−0.6928

第21章

42、3、−3、0、15、−14、−9、−2、10、8、78、8.83、42、8、8.83、42、0.3、7、−2.365、42、0.3、2.365、−7.88、42、7.88、34.12、49.88